Azemina Klobodanović

IZ INATA

Azemina Klobodanović

IZ INATA

Autor:	Azemina Klobodanović
Naslov djela:	**IZ INATA**
Tiraž:	Neograničen – Knjige se štampaju na zahtjev kupca
Publikovano:	Mart, 2024. (Verzija iz 2016.)
Jezik:	Bosanski

Mojoj miloj unučadi:

Nerini, Iman, Tariku i Džemaludinu

''Svi pravi životi su lepi i teški''

Ivo Andrić

ROĐENA IZ INATA

U predgrađu jednog malog bosanskog grada, u decembru 52' začeta sam sasvim slučajno, valjda greškom. Nije bilo u planu da moj otac nakon tri braka i desetoro djece koje je već imao, dobije i ovo, jedanaesto.

Bio je već u godinama, i baš u to vrijeme dobio i unuku od sina iz prvog braka, zbog čega uopšte nije bilo upitno da li ima smisla za dolazak na svijet i ovog djeteta. Ako bi se i rodilo bilo bi čisti višak, opterećenje i sramota za ovu porodicu, a sramota i zbog okoline. Šta bi svijet rekao?! Zbog toga je otac tjerao majku da pije kojekakve trave, nosi teške stvari, da radi sve ono što su u to vrijeme u ovakvim situacijama, na svoju ruku, radile neuke, neobrazovane žene. Jednostavno je bila primorana da se snalazi kako zna i umije, ali da ne dozvoli da se ovo dijete rodi. Morala ga je pobaciti.

I ona je zaista sve činila da udovolji svom mužu,ne svojom voljom, ali bez očekivanih rezultata. Doduše, niko je nije ni pitao što ona želi.

Bog je očito bio na majčinoj strani... Dođoh na ovaj svijet, slučajno, na silu, bez suza radosnica i nekog ushićenja od strane oca, bar ne u tom trenutku. Bile su samo moje suze kao i kod svakog novorođenčeta, zbog straha od nove sredine, ali dodatno i zbog toga što sam nesvjesno znala da nisam željena. Da sam se ja pitala, sigurno se ne bih ni rodila! Sudbina je valjda tako htjela, ipak sam došla na ovaj svijet. Možda iz inata – ko zna?

Kako su mi pričali, moje djetinjstvo je bilo uglavnom poput djetinjstva moje braće i sestara, ali ipak s razlikom u nijansama. Bila sam najmlađa ne samo među braćom i sestrama (računajući naravno i polubraću i polusestre), već sam bila i najmlađa tetka u porodici. Bila sam tetka unuci mog oca, odnosno kćerki njegovog sina iz prvog braka, a mog polubrata Edhema.

Njegova kćerka Fahrica je bila starija od mene. Imala je godinu dana kada sam se ja rodila.

Eto, ja sam postala tetka još dok sam bila u majčinom stomaku!

ČEKAJUĆI HAPU

Za ovaj detalj iz svog života saznala sam tek dosta godina nakon rođenja, mislim kada sam završavala srednju školu.

Pričali su mi da sam bila stara samo par mjeseci kada me sestra slučajno (opet ovaj izraz) spustila na vruć šporet dok mi je mama pripremala hapicu!

Umotanu u dekicu mama me dala sestri u naručje da me čuva, a kada je dekica počela da spada, da bi je sačuvala, sestra me spustila nogicama na prvu čvrstu podlogu koja joj se našla u blizini. I bila je to jako čvrsta, tvrda, ali na nesreću i vrela podloga. Bila je to vrela plata šporeta. U tom momentu, moja sastra nije razmišljala o posljedicama, što je i normalno. Imala je samo pet godina!

Na moj vrisak, mama je utrčala u sobu i uzela me u naručje, ali već je bilo kasno. Bio je dovoljan samo trenutak pa da se na

Nježnim tabanima novorođenčeta pojave plikovi. Sva preplašena zbog toga što mi se desilo, a još više zbog straha što će joj reći, što će joj uraditi muž, moj otac, kad se vrati s posla, tješila me, ljubila, njihala u naručju, praveći krugove po sobi.

Onda me ponovo dala sestri na čuvanje dok mi pripremi obloge, ali ovaj put daleko od šporeta. Plakala je i sestra jedno vrijeme zajedno sa mnom, a ja sam nastavila da plačem bez prestanka, što je i razumljivo, jer su moji tabani bili gotovo pečeni. Majka je onako izgubljena, preplašena, ali opet dovoljno sabrana, pripremila što je brže mogla obloge za moje tabane i navukla ručno šivene gegice sa čarapicama. Tada nije bilo gegica kao što su one danas, a možda i jeste ali su bile dostupne samo imućnijim porodicama. Morala je na svaki način sakriti ovo od muža, plašila ga se. Znala je kakvu ima narav i da ne bi tako lako prihvatio bilo kakvo objašnjenje. Nije znala što bi se tačno desilo da sazna, ali sigurno ništa dobro. Pošto sam zbog zadobijenih opekotina stalno plakala, na njegov upit:

- Refija, šta je maloj? Što plače?

Mama je sa strahom, odgovorila:

- Ma Smaile, valjda je boli stomak! Evo stalno joj stavljam obloge.

I tako mi je ona danima kriomice, da otac ne vidi, stavljala obloge na tabane i oblačila ove nazovi gegice, kako otac ne bi vidio što mi se zaista dogodilo.

Kada su mi pričali o ovom događaju bila sam šokirana pri pomisli kako je moja majka imala hrabrosti da bebu od par mjeseci daje u ruke djetetu od samo pet godina. Ja svoju djecu dok su bile bebe nisam imala hrabrosti da dajem u ruke ni svakoj odrasloj osobi! Pokušala sam da zamislim sve to, a u očima su se pojavile suze, što zbog bebe, što zbog sestre kojoj je to moralo izazvati veliki strah i traumu, a onda i zbog majke. Mada je ona bila krivac, bilo mi je nekako žao jer joj sigurno nije bilo jednostavno. Vruće plate od šporeta itekako su i nju opekle iako ih ona nije ni dotakla. Znala je njena duša što

preživljava u tim momentima, koliku bol osjeća, uz onaj strah kako se opravdati pred mužem, a opravdanja nema. Ipak je maksumu dala u ruke gotovo tek rođenog maksuma, ne razmišljajući o posljedicama.

ONO KAD SI VIŠAK

U vrijeme renoviranja naše kuće, one porodične, koja je još uvijek na istom mjestu, već preko šezdeset godina, zbog zauzetosti ostalih ukućana, ja sam sate i sate provodila u stalku s koricom kruha u ručicama. I tako mala, kao da sam znala da sam greškom ušla u ovu porodicu, bila sam poslušna beba, nisam plakala, nisam bila zahtijevna. Tako sam možda pokazivala zahvalnost što su me prihvatili, jer sam im očito bila od viška.

Pričali su mi da je komšinica teta Danica znala dozivati moju mamu:

- Smajinice, Smajinice, ogriješit ćete se boni o ovu malu! Stalno vam je u stalku.

Nakon ovih upozorenja, zauzeta od obaveza koje joj je nametao moj otac, ali i ona sama, mama bi me nakratko uzela, tek toliko da me opere, nahrani i stavi na spavanje, do sljedeće ture u stalku. Trebala je brinuti i o ostaloj djeci, ručak napraviti za čitavu porodicu, ali i za radnike koji su radili na renoviranju kuće...

Kad sam porasla, što znači da sam mogla hodati i trčati svojim nogama, a ne samo stajati u stalku, bila sam prava smetnja bratu i sestri. Oni su imali svoje društvo i ja sam im samo smetala. Izbjegavali su me kad god su mogli. Eto i ovo je bio dokaz više da sam bila suvišna u ovoj porodici. Čini mi se da sam im smetala na svakom koraku, a ja to ignorisala i dalje radila po svom. Na moju žalost u najbližem okruženju, u komšiluku, nije bilo djece mog uzrasta tako da sam bila "zakinuta" i s te strane. Ni sama ne znam kako, ali sam često znala uskočiti u društvo mog tri godine starijeg brata i zajedno s njima provoditi vrijeme. Sestra je bila pet godina starija, pa joj nikako nije odgovaralo moje društvo.

Ići po ćumur iz "huntića" (malih vagona) u blizini Halde gdje se istovarao otpad iz Željezare, za mene je bila prava avantura. Halda se nalazila na kraju našeg naselja, desetak kuća dalje od naše, s desne strane ulice. Naravno, brat bi me svaki put tjerao, ali redovno bi pobijedila moja upornost, a možda i to što sam mu tada bila od neke koristi.

Pratili bi iza žbuna kada će se pojaviti huntići koji su se kretali uskom prugom od Rudnika prema Željezari, napunjeni ćumurom do vrha, čak i više od toga. Dobro se sjećam, ćumur je bio onaj pravi, kvalitetni, u većim komadima, tzv. štukama. Tako su govorili oni stariji. Dodatno je trebalo pratiti i čuvara kako bi sa huntića mogli izbaciti što više ćumura, a da on to ne primjeti. Znalo se tačno kada će se oni stariji popeti na rub huntića - kada se huntići nađu na krivini pa uspore. Mlađi su bili zaduženi da skupljaju na kamare izbačeni ćumur u čućećem položaju kako ne bi bili primjećeni od čuvara. Nije bilo zabune. Tačno se znalo čija je koja kamara ćumura koji se nakon što prođu svi huntići i čuvar povuće, pokupi u vreće i ponese kući.

Ovo smo najčešće radili pred zimu kako bi bar malo pomogli roditeljima u nabavci ogreva.

RODITELJI U GODINAMA

Koliko god su mi bili dragi počeci školske godine u nižim razredima osmogodišnje škole, toliko sam ih i mrzila. Smetalo mi je ono prozivanje na prvim časovima kada se uzimaju podaci o roditeljima – zanimanje, gdje su zaposleni...

Većina mojih školskih drugova i drugarica, pogotovo onih sa kojima sam ja bila bliska, rekli bi da su im očevi po zanimanju inženjeri, pravnici, da rade na pozicijama direktora, šefova, bilo u Željezari, Rudniku ili u Banci, a majke su gotovo kod svih bile domaćice.

Kada bi na mene došao red da dajem podatke o svojim roditeljima, osjećala sam se tako ružno, kao da pripadam nekom drugom svijetu. Toliko sam željela da lahko, bez stida odgovorim na ta pitanja, jer su stvarno bila jednostavna, a meni je bilo izuzetno teško. Moj odgovor je bio da mi je majka domaćica (u tome se nisam razlikovala od drugih), a otac penzioner. Znam da su me ostali učenici čudno gledali jer iako mali znali su da u penziju ideš kada ostariš, a djeca takvih roditelja su tada već odrasla, što nije bio slučaj sa mnom.

Bila sam dijete, nisam shvatala puno toga, ali me nekako bilo stid što je moj otac običan radnik, a uz to još i penzioner. Kad bolje razmislim, više mi je smetalo to što je moj otac bio u godinama.

Da, moji roditelji su bili najstariji roditelji od roditelja svih učenika u mom razredu, a tako sam željela da nisu.

KAD TI UMJESTO POKLONA DARUJU SUZE

Rođena sam u jednoj siromašnoj radničkoj, a uz to i patrijarhalnoj porodici u kojoj se praznicima nije pridavala neka važnost. Nisu se slavili rođendani, Nove godine,... jedino Bajrami.

Jedan događaj posebno pamtim.

Za djecu je Nova godina oduvijek predstavljala važan praznik koji se pamti po Djeda Mrazu. Ja sam tek sa sedam godina, kada sam pohađala prvi razred osnovne škole prvi put vidjela Djeda Mraza o kojem se u našoj kući nije nikada pričalo. Čula sam od druge djece da je to stari čovjek, sa bijelom bradom, u crvenim čizmama i crvenom kapom na glavi, obučen u crveno odijelo, a dolazi iz neke daleke zemlje, iz sjevernih krajeva. On na kraju Stare godine djeci koja su slušala svoje roditelje i bili dobri učenici, donosi poklone. Naravno, ne bilo što, već baš ono što je svako takvo dijete poželjelo. Nikako mi nije bilo jasno kako Djeda Mraz zna što su to djeca poželjela i kako zna koji će poklon donijeti kojem djetetu. I ja sam u to nekako stidljivo vjerovala, mada o tome nisam nikada u kući govorila.

Noću bi, prije nego što zaspim, potajno maštala da i meni Djeda Mraz donese poklon. Međutim, to se nikada nije dogodilo.
Sjećam se da je desetak dana pred kraj kalendarske godine, učiteljica zakazala roditeljski sastanak kojem je kao i obično prisustvovao i moj otac. O tome što je bilo na tom roditeljskom sastanku, o čemu je bilo riječi, otac nije govorio. Međutim, i ovaj put se vratio s osmijehom na licu, očito zadovoljan jer je ponovo imao priliku da se pred ostalim roditeljima ponosi svojom najmlađom kćerkom zbog njenih ocjena.

Jednog dana, pri kraju mjeseca decembra, učiteljica nam je saopštila da naredni dan neće biti nastave, ali je dolazak u školu obavezan u naznačeno vrijeme jer će biti održana priredba.

Tu noć dugo nisam mogla zaspati. Pokušavala sam, ali zbog silnog razmišljanja o onome što će se desiti narednog dana, san me uporno zaobilazio. Zatvorim oči misleći da ću tako lakše zaspati, pa brojim, jednostavno brojim do ne znam kojeg broja, ali ništa. Činilo mi se da će ova noć vječno trajati. Prošlo je dosta vremena dok konačno nisam zaspala. I najzad je svanulo. Umila sam se, nisam baš sigurna da sam mogla doručkovati, obukla sam se i opet ... čekala. Da sam ikako mogla da ubrzam vrijeme na budilniku da minute brže idu, ali ne, to nije bilo u mojoj moći.

Dok su ostali ukućani normalno obavljali svoje uobičajene aktivnosti, jedino sam ja to jutro nekako posebno doživljavala. Pitala sam se kako to da se i oni ne raduju zajedno sa mnom. Kad je konačno došlo vrijeme za polazak, gotovo trčeći, po snijegu koji je škripao pod mojim naslijeđenim čizmama, otišla sam u školu i ne sluteći koliko razočarenje me tamo čeka.

Priredba je organizovana u saradnji s Narodnim pozorištem iz našeg grada. Kako je bilo lijepo i svečano, za nas djecu neopisivo, fantastično, kao u pravoj bajci! Možete zamisliti - pred našu školu stiže prava pravcata, otvorena kočija, u obliku velikih saonica, posebno ukrašena za ovu priliku, a vuku je četiri ukrašena konja. U kočiji je Djeda Mraz s punom vrećom poklona za djecu, a s njim dvije ženske osobe - jedna stara, u otrcanoj, ružnoj haljini, a druga mlada i prelijepa, kao vila, u novoj, lijepoj haljini ukrašenoj čipkom, što smo do tada mogli vidjeti samo u slikovnicama.

Objasnili su nam da se radi o Novoj i Staroj godini. Priredba je započela s nekom predstavom, pa su onda neki učenici recitovali pjesmice vezano za zimu, Novu godinu i Djeda Mraza, ali ja uopšte nisam slušala tekst, riječi,...Pred mojim očima smjenjivale su se slike, prizori, silno šarenilo, a ja sam jednostavno zanijemila. Činilo mi se da sanjam. Da mi se neko slučajno obratio sigurna sam da ga ne bi ni primjetila. Upijala sam slike i jednostavno samo gledala i gledala, pustila da moje oči upiju svu ovu ljepotu. Nije mi uopšte bilo važno što oni pričaju.

Dugo vremena sam pamtila ovaj događaj, bolje reći nikada ga nisam ni potisnula iz sjećanja, i svaka, baš svaka proslava Nove godine me podsjećala na njega. Bilo je tako lijepo, gotovo nestvarno za nas prvačiće, čini mi se meni posebno. Na momente sam pomislila da i ja učestvujem u ovoj predstavi. Smjenjivali su se učesnici u ovoj priredbi, uglavnom iz starijih razreda, najavljivali novi, puštala muzika, ali sigurno neću pogriješiti ako kažem da su svi učenici, ne samo ja, jedva čekali ono glavno – podjelu poklona i slikanje s Djeda Mrazom.

I najzad je došao i taj trenutak! Djeda Mraz vadi poklon paketiće i proziva pojedinačno sve prvačiće naše škole, ne samo moj razred. Mnogo je djece, a ja samo razmišljam kada ću ja biti prozvana. Opet prizori koji se ponavljaju. Putem mikrofona prozivaju se djeca redom iz pojedinih razreda. Željno očekujem da krenu prozivati učenike iz mog razreda računajući da ću tako konačno i ja doći na red. I opet čekam... Konačno dočekah da i učenike mog razreda prozivaju!

I gle čuda - dešava se ono u šta su djeca i vjerovala: svako dijete dobija od Djeda Mraza paket s poklonom koje je ono i poželjelo, bar tako su govorili prozvani drugovi i drugarice iz mog razreda, vrišteći od radosti i zadovoljstva. Ja sam se radovala zajedno s njima željno očekujući da Djeda Mraz prozove i mene. Kako sam bila nestrpljiva da vidim što je to Djeda Mraz meni donio.

Ne samo da su dobili paket sa željenim poklonom već su se i slikali s Djeda Mrazom i na taj način obezbijedili sebi uspomenu sa ovog događaja. Čekala sam dugo, dugo dok nije i posljednji paketić izvađen iz velike torbe, ali moje ime nije bilo prozvano...

Stajala sam nijemo, baš kao što sam par sati prije toga nijemo posmatrala divnu predstavu kao iz bajke, ali ovaj put ipak nešto drugačije nijemo. Čula sam samo svoje srce kako ubrzano kuca, i tišinu, mrtvi muk oko sebe. Na trenutak sam pomislila da i ostali čuju otkucaje mog srca...Nisam mogla da vjerujem da u toj velikoj, ogromnoj torbi nije bilo paketića s mojim imenom. Onako mala, nedovoljno odrasla i nesigurna, nisam znala kome da se obratim. Mislila sam, možda je to neka greška. U onoj silnoj gužvi ni moja učiteljica nije primjetila da jedna njena učenica, odlična učenica, nije dobila poklon, a bila je tu prisutna s ostalim učenicima čitavo vrijeme. Da bila je, sa osmjehom na licu, skakutala sa ostalim drugarima, srce joj lupalo ko' ludo od silne radosti što prisustvuje ovakvom događaju, a još više od iščekivanja da dobije poklon, a eto nije. Opet je srce lupalo ko' ludo, ali sada nekako drugačije. Nije se čak ni slikala s Djeda Mrazom. Sva djeca će kroz nekoliko dana dok se izrade slike dobiti i jednu fotografiju za uspomenu, a ona neće ni to.

Kako sam bila tužna, razočarana! Dugo sam stajala uza zid sale gdje se odvijala priredba, kao da sam nešto čekala, a ni sama nisam znala što. Svi moji drugovi i drugarice su već odavno otišli kućama s poklonom u rukama, a ja sam ostala posljednja i ne znam da li me više zaboljelo što nisam dobila poklon, ili što to niko nije ni primjetio. Pored boli bio je prisutan i stid. Vraćala sam se kući sama, a suze su se slijevale niz moje lice. Nisam ih ni brisala, pustila sam da sva ona ljepota koju su moje oči tokom priredbe upijale, jednostavno sklizne u suzama niz moje lice. Neka nemam ni to što su moje oči "uhvatile" kad već nisam dobila poklon.

Čitavo vrijeme sam se pitala zašto se to baš meni dogodilo, a slušala sam roditelje, bila odlična učenica...Ispunjavala sam sve ono što je trebalo kako bi i meni Djeda Mraz donio paket, a eto nije!

Tek nakon nekoliko godina saznala sam istinu. Na roditeljskom sastanku, održanom desetak dana pred kraj Stare godine, učiteljica je roditeljima između ostalog govorila i o predstojećoj proslavi koja će biti upriličena za sve prvačiće naše škole. Dogovoreno je da svaki roditelj sazna što njegovo dijete želi da mu donese Djeda Mraz, te da mu to roditelji i kupe. Kasnije bi se u školi formirali paketići (naravno i za ovo je trebalo dati određeni iznos novca odmah na ovom roditeljskom sastanku) u kojima će se naći i odgovarajući poklon sa imenom i prezimenom svakog učenika pojedinačno.

Divno zamišljeno, ali za mene, iz siromašne patrijarhalne porodice očito nedostižno.
Često sam razmišljala o ovome, naravno kasnije, kada sam bila starija. Pitala sam se zašto moj otac nije dao novac kao ostali roditelji. Možda nije imao, a možda je razlog bilo sasvim nešto drugo – možda vjera.

Pa ipak, bez obzira što je bio razlog, kako su godine prolazile a ja bila starija, nisam mogla da shvatim zašto me moj otac nije bar spriječio da idem taj dan u školu. Bar to je mogao! Za to mu nije bio potreban novac a niti propisi koje nalaže vjera.
Poštedio bi me od razočarenja, tuge, stida...

ZABRANJENO DRUŽENJE

U djetinjstvu sestri, bratu i meni bilo je puno toga što su nam roditelji branili. Možda je tako bilo i u drugim porodicama, ali čini mi se, u našoj porodici te zabrane su ipak bile nekako posebne. Jedna od zabrana bila je i ova.

Kao dijete jedne patrijarhalne porodice morala sam voditi računa s kim se družim. Toliko sam voljela igru, druženja, željela da imam dobru drugaricu, prijateljicu, ali sam uvijek bila uskraćena od toga, ne samo u djetinjstvu, već i nešto kasnije. Svaki susret sa djevojčicom mog uzrasta izazivao je u meni radost jer bi mi se pružila prilika da se družim s njom, da se igramo. Nije morala biti ni djevojčica. Mogli su to biti i dječaci, samo da se igram i uživam u igri. Valjda je to svojstveno svakom djetetu. Nažalost, u našem komšiliku nije bilo puno djece mog uzrasta, a ona koji su tu živjela, morala su biti prihvaćena od strane mojih roditelja.

Sjećam se, u susjedstvu, dvije-tri kuće dalje od naše, živjela je djevojčica mojih godina. Meni je bila draga, ali to nije bilo važno za moje roditelje. Kad god bi ona bila u društvu s nama, s drugom djecom iz susjedstva, moja mama bi poslala brata ili sestru po mene da dođem kući i da se ne igram s njom.

Na moje pitanje zašto, nikada nisam dobila odgovor, da bi tek nakon nekoliko godina kada nisam više bila mala djevojčica, shvatila pravi razlog.

Nisam sigurna da li je njena majka bila razvedena, ili je pak djevojčica bila vanbračno dijete, ali je meni bilo zabranjeno druženje s njom, jer je njena majka navodno mijenjala muškarce...

BAR DA SAM BILA DESETA PO REDU

Rođena kao jedanaesto dijete, najmlađa u porodici, a kasnije postala i omiljena svima, posebno ocu, nisam imala mogućnost da imam jednu važnu privilegiju. Da sam bila deseto dijete po redu – bila bih Titovo kumče i dobijala paket 29. Novembra svake godine.

Naime, bilo je pravilo da u svakoj porodici na području bivše Jugoslavije, desetom djetetu po redu, kod rođenja, Predsjednik Tito bude kum. Iz njegovog kabineta se povodom 29. Novembra, Dana Republike, toj porodici, odnosno tačnije, tom djetetu, pošalje paket uz čestitku potpisanu lično od Predsjednika Tita.

Ova čast je pripala mom tri godine starijem bratu. Pa ipak, iako njemu namijenjen, svaki taj paket dijelio se na svu djecu – moju sestru, brata i mene, te djecu moje polubraće i polusestara, t.j. unučad mog oca. To je bilo nepisano pravilo koje je uveo naš otac.

Dobro se sjećam sadržaja paketa: bilo je to, za nas djecu u to vrijeme željne obične rum-pločice, pravo bogatstvo - veeeeelike "Kraš"- ove mliječne čokolade, razne bombone u velikoj metalnoj kutiji, a znam da su nam najdraže bile one "505 sa crtom" jer su bile tvrde i zato mogle duže trajati.

Bez obzira što bi i u slučaju da sam ja bila Titovo kumče, meni namijenjen paket bio svačiji, a najmanje moj, silno sam željela da sam ja imala tu čast. Naravno, ovo je došlo tek poslije, kada sam bila starija, a na početku, još dok nisam išla u niže razrede osnovne škole, bilo mi je važno da dobijem slatkiše iz paketa, nema veze kome je bio namijenjen.

Izuzetak je bio paket kojeg je moj brat dobio kada je već krenuo u prvi razred osnovne škole. U tom paketu, za razliku od dotadašnjih, bile su stvari baš samo za njega

– školski pribor i mornarsko odijelo!

On se slikao u njemu – vidjela sam to mnogo godina kasnije, na slikama iz njegovih školskih dana.

Jedne godine je dobio i komplet knjiga "Lastavica" koje su bile u to vrijeme na listi knjiga za školsku lektiru. E ovom paketu sam se najviše obradovala ja! Mogla sam da čitam danima...

MENI DRAGE PANTALONE

Koliko se sjećam, bila je zima. Išla sam u treći razred osnovne škole. Tog jutra sam osjetila neku slabost, boljelo me grlo, ali ništa strašno. Ipak sam otišla na nastavu.

Nisam sigurna na kojem času, ali prije odmora, iznenada sam bez prethodne "najave", povratila po klupi, ali i po sebi. Naravno, bilo me stid, ali čini mi se više žao mojih pantalona maslinaste boje, koje mi je šnajderica sašila od nekih vojničkih. Ne znam odakle je moja majka došla do tih vojničkih pantalona, ali ove moje su bile tako lijepo skrojene, po mjeri, baš za mene.

Sviđale su mi se jer su bile na tregere i imale džepove sa strane. Koliko god mi se sviđao njihov kroj, još više su mi se dopadale jer su bile tople. Nema veze što su "bockale" po nogama što nije nikakvo čudo, jer su bile sašivene od grubog, vojničkog platna. To bockanje bih ublažila tako što bih ispod njih oblačila donji dio pidžame.

Nisam se obazirala na komentare mojih školskih drugarica i drugova, a vjerujem da ih je bilo. Važno je da nisu do mene došli. A i da jesu, nisam sigurna da bi mi puno smetalo, jer su mi stvarno bile drage te pantalone.

STRAH OD BATINA

Bilo je ljeto, koliko se sjećam još nisam išla u školu. Mogla sam imati oko pet godina kada sam s bratom koji je bio tri godine stariji od mene, i sa još nekoliko njegovih drugova, kradom brala kruške komšije Đorđe preko puta naše kuće. Jedan od dječaka pratio je da se ne pojavi neko od odraslih, a posebno ne komšija Đorđo, čija je kruška bila predmet naše zanimacije tog dana.

Krošnja stabla je bila niska tako da su se kruške mogle brati sa zemlje, što je svima nama odgovaralo, a posebno meni, najmanjoj među njima. Plodovi su bili veliki, i mada još zeleni, prošarani smeđom bojom, ipak za nas djecu dovoljno zreli da se mogu jesti.

Nikada neću zaboraviti taj dan. Prvi put u životu osjetila sam strah od batina, koje nikada nisam dobila, posebno ne od oca, koji ih je tako lako dijelio, ali samo kada se zaslu že.

Bila sam njegova ljubimica iz više razloga. Jedan od njih je bio što sam bila najmlađa i što sam došla na ovaj svijet kada je moj otac već bio u godinama. Moj otac je važio za strogog, ali veoma poštenog čovjeka. Da li je za to odgovorna vjera ili je jednostavno bio takva osoba po rođenju, to nikada nisam mogla saznati. Za njega je važilo pravilo: "Čuvaj svoje, a tuđe ne diraj bez dopuštenja!" Ovog pravila su se morali pridržavati svi u njegovoj porodici.

E pa tog dana dvoje njegove djece, od kojih je jedno važilo za nepogrešivo, jednostavno "zlatno", poslušno, pametno, ..., prekršili su pomenuto pravilo i desilo se što se desilo!

Komšija Đorđo se iznenada pojavio! Dok smo mi bježali i pokušali da se sakrijemo kako nas ne bi otkrio, uspio je ipak identifikovati nas dvoje – mene i mog brata. Jasno, nismo smjeli ići s ukradenim kruškama kući, čak ni u našu avliju. Bacili smo ih odmah. Vjerovatno su završile u komšijinoj bašti nedaleko od stabla kruške, a mi smo se uspjeli sakriti iza naše kuće.

I upravo kada smo mislili da smo izbjegli najgore, komšija se pojavio u našoj avliji vičući:

- Komšija, komšija!

Gotovo sam umrla od straha kada se na vratima naše kuće pojavio otac. Pitao je komšiju zašto tako viče, a ovaj mu je rekao da su njegova djeca: sin i "mala" (tako su me zvali ne samo zato što sam bila mala, već što sam bila i najmlađa) krali njegove kruške!

Dobro smo to čuli, a kako i ne bi kada smo bili udaljeni samo par metara iza kuće. Ne znam kakav je izraz lica imao naš otac u tom momentu, ali poznavajući njega, njegov karakter i ono pravilo za tuđe stvari, znala sam što nas čeka. Nije mi bilo lakše ni onda kada je otac nekoliko puta ubjeđivao komšiju Đorđa da ja, njegova "mala" sigurno nisam mogla učestvovati u takvom "poslu".

Međutim, nakon što je otac zvao brata da se pojavi, da se ne krije jer je sve već otkriveno, zajedno s njim izašla sam i ja iza kuće i stala ispred oca.

I onda se otac obratio meni:

- Zar i ti 'ćeri?!

Dobro se sjećam – niz noge sam osjetila neku toplinu, vrućinu u licu, valjda od srama, a kad bolje razmislim, više od straha. Da, upiškila sam se. Sva zbunjena, čula sam oca kako je rekao komšiji da bude siguran da se ovako nešto nikada više neće desiti.

Otac me prigrlio, ali ja ipak nisam osjetila nikakvo olakšanje. Znam samo da sam bila sretna što je bar ovaj put moj dragi brat Hajro izbjegao batine.

Poslije ovoga, nikada nam više nije palo na pamet da idemo u krađu komšijinih krušaka.

TO JE BIO NAŠ DOM

Dok sam bila još dijete mislila sam da su sve ili gotovo sve porodice u našem okruženju slične. Nisam osjećala neki stid to što smo mi siromašni, što nemamo namještaj kao drugi, igračke i ostalo, što ne idemo na ljetovanje, ... Bolje reći, nisam ni znala da smo siromašni.

Zaista nisam, valjda zato što nisam ni znala za bolje, ali mislim više zbog toga što o tome nisam tada ni razmišljala, jer sam bila baš dijete u pravom smislu riječi. Bitno mi je bilo da nisam gladna, da se igram, družim s vršnjacima, da se radujem Bajramu i gostima, pogotovo onima sa djecom mog uzrasta.

E, kada sam krenula u školu, a posebno u višim razredima, ništa više nije bilo isto. Bila sam zaokupljena i drugim stvarima, ne samo igrom. Povremeno sam se družila i sa vršnjacima izvan mog okruženja.

Neke moje školske drugarice su stanovale u blizini škole, pa su mene i još nekoliko drugih, znale pozvati kod njih, u njihove domove da se igramo nakon nastave. Našla sam se u sasvim drugoj sredini u odnosu na onu u kojoj sam ja živjela sa svojom porodicom.

Tek tada sam shvatila gdje ja živim. Naš dom, iako izuzetno uredan i čist, bio je jako skromno namješten. Mi nismo imali kauče, fotelje, niti vitrinu, radio i TV aparat, pogotovo. Nisam imala svoj radni sto, a pogotovo ne svoju sobu.

Sjećam se da je trpezarijski sto imao višestruku namjenu dugo vremena. Prvenstveno je služio majci da na njemu razvija tijesto za pite, da pravi ručak, pa za posluživanje jela kada dođu gosti... Dok smo bili djeca mi nismo jeli za ovim stolom, samo odrasli. Djeca su jela na podu, prostre se bošća umjesto stolnjaka i to je to. Pisali smo zadaće i učili za ovim stolom. Kada sam pohađala srednju školu, a kasnije i fakultet, na ovom istom stolu sam crtala i tuširala crteže iz mašinstva i tehničkog crtanja, na A1 formatu. Pošto ih nikada nisam mogla završiti u jednom danu jer su bili veliki, a često i komplikovani, prekrivala bih crteže najlonom kako se ne bi uprljali i onda bi kasnije nastavila dok ih ne završim. Znalo se desiti samo što prekrijem crtež, a mami treba sto da razvija pitu. Mrzila sam ovo, ali nije bilo drugog rješenja. Skinem pažljivo crtež, a onda tek kada mama završi svoj posao, ja sve ispočetka.

Umjesto kauča imali smo drvenu sečiju "krojenu po mjeri". Bila je lijepo dekorisana, sa prekrivačem na volane i jastucima "na kalup", a preko njih bijeli tzv. "peškir", dugačak komad pamučnog platna oivičen lijepom čipkom i uštirkan. U kuhinji koja je istovremeno bila i dnevni boravak, nalazio se trpezarijski sto sa četiri stolice, šporet na čvrsto gorivo i bosanski ćilim. To je sve.

Mi, djeca, spavali smo na vunenim dušecima koji se prostru na pod spavaće sobe. S ove tačke gledišta, zdrav način spavanja, ali tada sam više voljela da sam spavala na "nezdravom" madracu, ali na krevetu.

Imao je naš dom svoju toplinu, dušu, ali to nije bilo dovoljno da rado pozovem školske drugarice da mi dođu u posjetu. Bilo me zaista stid.

BAJRAMSKA HALJINA

Bio je Bajram, a ja sam pohađala, čini mi se četvrti razred osnovne škole. Voljela sam vrijeme Bajrama, jer je tada u kući sve drugačije. Ne samo što se mama pobrine da kuća bude posebno čista, već i miriše po raznovrsnim jelima, slanim i slatkim, a uz to svi u kući dobijemo nešto novo i lijepo od odjeće ili obuće.

Tako je bilo i tog Bajrama.

Mama se pobrinula da naša šnajderica sašije meni haljinu na kopčanje koju sam ja obukla tog dana u školu. Dobro se sjećam te haljine: crna podloga sa sitnim bijelim cvjetićima i džepovima sa strane. Sva sretna sam došla u školu, sa osmijehom na licu i novom haljinom na sebi. Po mom mišljenju, haljina je bila prelijepa.

Moja radost je trajala sve dok meni bliska drugarica N.Z. koja se bolje od mene razumjela u vrstu platna od kojeg se šiju haljine (a kako i ne bi – nije bila iz siromašne porodice kao ja), pred svima na hodniku, za vrijeme odmora nije uzviknula:

- Gle, Azemina došla u školu u kućnoj haljini!

Nije mi baš bilo jasno zašto je to rekla, ali zbog smijeha drugih učenika shvatila sam da nešto nije u redu, a vjerovala sam da je u pravu. Vratila sam se u učionicu, sjela u klupu i zaplakala...

Nisam sigurna da je moje suze iko od učenika primjetio, a najviše me zaboljelo to što me je povrijedila najbolja drugarica. Bar sam mislila da mi je najbolja. Možda nije mislila ništa loše, ipak je i sama bila dijete.

Znam samo da poslije ovog nemilog događaja, ovu haljinu nikada više nisam htjela obući, čak ni u kući. Mami sam ovo prečutala, a na njeno pitanje zašto je više ne nosim, odgovorila sam da mi se ne sviđa.

POLJSKI KLOZET

Imali smo poljski klozet u samom vrhu naše avlije.

Jako sam se plašila da tamo idem, i to ne toliko noću koliko nakon obilnih kiša i u vrijeme topljenja snijega, kada se septička jama prepuni vodom sa okolnih brda.

U meni je bio prisutan neopisiv strah da ću propasti u tu ogromnu rupu, da će me ona progutati. Bilo me toliko strah pogledati prema dole – kroz otvor, da sam svaki put žurila da obavim to što moram i trkom preko avlije u kuću, a srce mi lupa ko' ludo.

Novi klozet smo dobili tek kada je voda stigla i u našu kuću. I taj je bio vani, uz kuću, ali priključen na gradsku kanalizaciju. Imao je čak i vodokotlić!

KAŽNJENA ZA DOBRO ČITANJE

Rano sam naučila čitati i pisati. Mislim da sam imala samo pet godina kada sam znala sva slova i čitala kao da sam već završila prvi razred. Ne znam ni sama kako, valjda uz stariju sestru i brata. Iz čiste dosade, sama, baš sama, učila sam i na kraju naučila. Pratila sam ih kada pišu zadaću ili uče, i nije mi ni bilo baš teško. Njima je to smetalo, pa sam koristila priliku kada oni odu u školu - uzmem njihove knjige i čitam, a njihove stare sveske koristim za pisanje i crtanje.

To je imalo dobrih i loših strana. Kada sam krenula u školu, pošto sam znala pisati, bilo mi je znatno lakše nego drugim učenicima koji su to tek učili.

Međutim, kada smo savladali sva slova i krenuli sa čitanjem, naravno prvo "na slogove", meni je to bilo mrsko, jer sam ja kao od šale čitala čitave riječi. Učiteljica

Kačunko Marija me u početku opominjala da moram čitati kao drugi učenici, a kasnije je odustala i samo me povremeno puštala da čitam tekst, tek kada ga svi drugi savladaju. A tako sam voljela čitati!

Meni je bilo krivo, jer sam na neki način bila zapostavljena, kao da sam bila kažnjena što znam dobro čitati.

ZBOG OVOG SAM BILA "GLAVNA" U RAZREDU

Pored toga što sam voljela da pišem, crtam, čitam, voljela sam i da imam lijepe sveske i školski pribor. Dok su druga djeca novac skupljen za vrijeme Bajrama trošili na kupovinu raznih slatkiša, ja sam za svoj kupovala penkala, lijepe sveske i okvire za sveske. Pošto nismo imali dovoljno novca, jedino sam za vrijeme Bajrama imala svoj novac koji sam mogla upotrijebiti kako sam htjela. Najdraži su mi bili počeci školske godine, ali u višim razredima, kada sam imala priliku da dobijem bar nov školski pribor, a knjige su najčešće bile naslijeđene od brata ili sestre, školska torba također. Prvu školsku torbu sam dobila možda tek u šestom/sedmom razredu, nisam baš sigurna.

Pa ipak to mi nije smetalo da knjige budu uredne, gotovo kao nove jer sam ih uglavnom uokvirivala u lijepi masni papir -

plakat, koji je s jedne strane bio bijel, i služio mi za korice, a s druge strane sa slikom – reklamom nekog filma. Ove plakate/postere dobijala sam od polubrata Edhema, koji je bio direktor svih tadašnjih bioskopa u našem gradu.

Zahvaljujući njemu često sam išla u bioskop i gledala filmove prikladne mom uzrastu i to besplatno!

I još ncšto, mcni jc rcdovno poklanjao lijepe rokovnike koji su u to vrijeme bili luksuz i dostupni samo nekolicini učenika, čiji su roditelji radili na dobrim funkcijama. Bila sam tako važna i to ne samo zbog tih rokovnika koji su mi najčešće služili za spomenar, već i zato što sam samo ja svojim školskim drugaricama i drugovima mogla pokazati slike i sažetke iz filmova koji tek trebaju da budu na reportoaru naših bioskopa.

Na ovaj način imala sam priliku da i ja bar jednom budem "glavna" u svom razredu.

RIVALKE

Dok su se sva djeca radovala školskom raspustu, ja sam ga više mrzila.

Za vrijeme raspusta nema nastave, ne ide se u školu, nema druženja sa školskim drugarima, nema kontrolnih radova i pismenih vježbi?! Možda izgleda čudno, ali zaista je tako bilo. Koliko god sam zbog kontrolnih radova imala tremu plašeći se da neću sve uraditi dobro, toliko su za mene bili izazov da dobijem najbolju ocjenu. U meni je oduvijek bio prisutan takmičarski duh i nastojala sam da budem među najboljima.

U našem razredu bilo je dosta odličnih učenika, izuzetna generacija, a među njima nas tri drugarice S.R., N.Z. i ja. Mi smo tokom osmogodišnjeg školovanja bile konstantno rivalke i takmičile se koja će dobiti više petica, koja će bolje uraditi kontrolni, koja će nacrtati bolji crtež...

Trebale smo nastaviti zajedno i u

srednjoj školi, ali s obzirom na moje materijalno stanje, po nagovoru moje mame od strane pojedinaca koji su mi željeli "dobro", putevi su nam se razišli. Njih dvije su nastavile školovanje u Gimnaziji, a ja u Tehničkoj školi, elektro odsjek...

I na kraju, svetri smo završile fakultete, doduše različite, i nastavile da koračamo različitim životnim stazama...

Jedna (S.R.) je završila **M**edicinski, druga (N.Z.) **M**ašinski, a ja **M**etalurški fakultet.

Kakva slučajnost! Početno slovo naziva fakulteta kod nas svetri je bilo isto!

Sudbina je bila da se ja zaposlim na Institutu, a moja drugarica N.Z. nakon što je završila Mašinski fakultet u Sarajevu (u to vrijeme ovog fakulteta nije bilo u Zenici) zaposlila se na Mašinskom fakultetu u Zenici. Ovaj fakultet je u međuvremenu otvoren i u našem gradu. Osnivanjem Univerziteta u Zenici unutar kojeg je bio i

Mašinski fakultet, i Institut je nešto kasnije postao njegova članica, tako da smo na kraju nas dvije završile kod istog poslodavca. Eto, sudbina je bila da opet, barem nas dvije, nastavimo zajedno.

I još nešto – zajedno smo napisale i jednu stručnu knjigu, te učestvovale na nekoliko međunarodnih konferencija.

NAGRADE ZA ODLIKAŠE

Radovala sam se raspustu, onom ljetnom, samo iz jednog razloga. Odličnim učenicima, među kojima sam bila i ja, na kraju školske godine poklanjali su knjige, a u nižim razredima slikovnice. Jedva sam čekala podjelu knjižica, a uz odlične ocjene slijedila je i nagrada - slikovnica, odnosno knjiga, koju sam mogla da pročitam za vrijeme raspusta.

Sjećam se svoje prve slikovnice: "Metlica samočistačica", koju sam dobila za odličan uspjeh u prvom razredu osnovne škole, a onda je slijedila slikovnica "Guliver", ... pa prva knjiga, tvrdi povez "Pinokio", zatim "Jedan dan mog života"...

Posljednju knjigu, koju još uvijek čuvam, "Razbesneli anđeo" od Lajoš Zilahija, dobila sam po završetku četvrtog razreda srednje škole i završnog ispita.

U to vrijeme, u srednjoj školi, bar ne u mojoj,

nisu poklanjali knjige odličnim učenicima na kraju svake školske godine, već samo na kraju završnog ispita.

MOJE RUKOTVORINE

Možda sam išla u drugi ili treći razred osnovne škole kada sam naučila da vezem. Moj prvi ručni rad s vezom bio je takozvani "šibičnjak" na kojem je bio odštampan crtež patuljka koji u ruci drži upaljenu svijeću. To je komad platna sašiven u obliku džepa koji se čuvao na zidu pored šporeta na čvrsto gorivo, a služio je za držanje šibica. Kada sam bila starija i već dovoljno iskusna u vezenju, mama bi na moju molbu odvojila nešto novca za kupovinu komplikovanijih komada za vez – "zidnjaka", koji su u to vrijeme bili popularni. Da malo pojasnim.

Zidnjaci ili zidne krpe su izvezene bijele platnene tkanine sa duhovitim porukama koje su činile cjelinu s vizuelnim motivom. Ranije su se nalazile u gotovo svim seoskim kućama, a nešto kasnije i u gradskim domovima. Nalazili su se obično na kuhinjskim zidovima jer je kuhinja bila centar društvenog zbivanja, porodičnog okupljanja ili susreta s gostima. Zidnjaci su se vezli koncem u boji na bijelom platnu, uglavnom četvrtastog oblika po šemi prethodno preslikanoj indigom i olovkom, a odražavali su najčešće motive mladih žena u kuhinji. Najčešće poruke su bile: "Kuharice, manje zbori, da ti jelo ne zagori", "Kuharice skuhaj ručak fino, pa ćeš dobit novaca za kino", "Kada ručak skuham bolje, muž je bolje volje"....

Naravno, kako sam odrastala, vremenom se i način ukrašavanja našeg doma ručnim radovima mijenjao, kao uostalom i u drugim domaćinstvima. Tako sam i ja vezla ukrasne jastučiće, stoljnjake u kompletu sa vezenim miljeima koji su se stavljali na namještaj. Bogatije kuće su imale heklane miljee, a oni koji to nisu sebi mogli priuštiti jer su heklani komadi bili skuplji, zadovoljavali su se vezenim komadima. Ipak, i to je bilo nešto. Kada se taj komad lijepo izveze, pogotovo ako su izbor platna, boja konca i motiv odgovarajući, te kada se opere i uštirka, daje kući poseban pečat.

Kasnije su u modu došli gobleni, prvo štampani pa onda i Vilerovi, koji su bili posebno cijenjeni jer su rađeni na goblen platnu, s tanjim koncem, po šemi, što je iziskivalo više truda i spretnosti.

Vezla sam i goblene. Prvi moji izvezeni gobleni i danas se nalaze u porodičnoj kući, u kojoj sam provela svoje djetinjstvo.

POSEBNA STOLICA

Ljetne raspuste sam uglavnom provodila kod kuće. Bilo je tako dosadno. Snalazila sam se kako sam najbolje mogla da "ubijem" tu dosadu. U blizini nisam imala drugarica, sestra je bila pet godina starija od mene i nije se baš sa mnom posebno družila, brat pogotovo. Svako od njih je tražio svoje društvo tako da sam bila prepuštena sama sebi.

Voljela sam da vezem pa sam u tome provodila jedan dio slobodnog vremena, ali sam ipak najviše voljela čitati. Čitala sam razne časopise, knjige, sve što mi je bilo dostupno. S obzirom da s porodicom nisam nikada išla na more, za razliku od većine mojih vršnjaka, kada je bilo jako toplo, uživala sam da se sunčam u stolici za sunčanje sa knjigom u ruci. Povremeno bih se osvježila – posula vodom i nastavila da uživam.

Dobro se sjećam te stolice. Ličila je na one iz filmova pa mi je bila još draža. Nekako sam se lijepo osjećala u njoj, a još je bilo ljepše gledati tu stolicu sa stepenica koje iz kuće vode u dvorište. Bila je to stolica – ležaljka napravljena u kombinaciji drvo-platno. Platno je bilo čvrsto, sa crveno-smeđim uzdužnim prugama na krem podlozi. Na spojevima su se uočavale mrlje od rđe koje su ukazivale na starost ležaljke, ali to meni nije smetalo da je posmatram kao dio izuzetnog namještaja.

Ni sama ne znam od kad smo je imali i kako se našla kod nas. Nekako se nije uklapala u naše okruženje, u naš stil življenja. Kao da je bila nekom drugom namijenjena.

U to vrijeme, u srednjoj školi, barem ne u mojoj, nisu poklanjane knjige odlikašima na kraju svake školske godine, nego tek na kraju završnog ispita. Uglavnom sam je samo ja i koristila. Drugi nisu pokazivali neki interes za nju.

ROĐO

Voljela sam kada nam se najave gosti, pogotovo oni sa djecom mog uzrasta. Znala sam da ću se lijepo družiti s njima i da mi neće biti dosadno.

U goste nam je između ostalih dolazio očev rođak Lutvica sa ženom i njihovih troje djece. Taj rođak, kojeg je moj otac od milja zvao "Rođo", imao je dvije kćerke i jednog sina. Sin je bio nešto stariji, a kćerke mlađe, od kojih je jedna bila moja vršnjakinja. Nakon večere, mi, djeca bili smo zaduženi da zabavimo ostale bilo recitacijama ili pjevanjem. Bila je to neka vrsta takmičenja ko će od nas biti bolji u ovome. O tome je odlučivala publika koju su činili naši roditelji, prvenstveno očevi, te moji sestra i brat, koji nisu učestvovali u takmičenju. Zašto? Valjda zato što nisu bili odlični učenici, te nisu imali afiniteta za recitovanje, zbog čega moj otac nije htio da rizikuje, jer bi u tom slučaju djeca njegovog "Rođe" bila u prednosti. Dakle, ja sam se takmičila i predstavljala našu porodicu. Nisam se plašila, jer sam bila na svom terenu, a pošto sam bila takmičarskog duha, ovo mi se jako sviđalo.

Bila sam samo dijete, nedovoljno odrasla da shvatim neke stvari, da utičem na očevu odluku pa da svi učestvujemo u ovoj "predstavi". Bilo bi lijepo da uz mene učestvuju i moja sestra i brat. Ovako sam razmišljala kasnije, kada sam bila nešto starija. Tada mi je bilo važno da ja učestvujem, da meni ne bude dosadno. Kasnije, kada sam bila starija, kad god bih se sjetila ovoga, osjećala sam se ružno i naravno, drugačije gledala na sve to. Shvatila sam da je moj otac svjesno pravio diskriminaciju među svojom djecom.

Volio je i bio samo uz ono dijete koje je dobro učilo, koje je bilo ponos njegove porodice i kojim se on mogao hvaliti. A mogao je da se malo potrudi i pomogne mom bratu i sestri da budu bolji učenici pa bi imao "jači tim". Tada je meni godilo što baš meni poklanja posebnu pažnju, da samo meni ide na roditeljske sastanke... Valjda je to bilo tipično razmišljanje jednog djeteta. Međutim strašno je griješio, a niko mu na to nije ukazao.

A mama? Mama je bila nepismena žena, žena sa sela iz patrijarhalne porodice, koja mu se nije smjela suprotstaviti. Morala je da trpi i više od toga.

BATINE KAO VASPITNO SREDSTVO

Moj otac je živio u ubjeđenju da će samo batine pomoći da njegova djeca budu poslušna, da postanu dobri, vrijedni i pošteni ljudi. Dok sam bila dijete puno toga nisam razumjela. Mislila sam da tako treba, da se tako radi i u drugim porodicama. I za najmanju grešku, pogrešan potez, moj brat je dobivao batine. Kasnije sam saznala da je moj otac tako postupao i sa ostalom svojom djecom, mojom polubraćom i polusestrama. Čak i moja sestra Zada, imala je samo 14 godina, kada je od oca dobila "dooobre" batine.

Trebala je ići s bratom na pijacu da prodaje povrće, ali je dan prije otišla kod našeg najstarijeg polubrata Mehmeda. Na njegovo insistiranje, otišla je s njim i njegovom porodicom u ljetno kino gdje se film prikazivao u 21 sat. Pričala nam je kasnije da je to bio film "Neki to vole vruće". Dobro ga je zapamtila jer je redovno podsjećao i na njene "vruće" batine koje je dobila baš zbog tog filma.

Radovala se odlasku u kino, ali istovremeno i pribojavala očevog bijesa. Znala je da ovo neće izići na dobro, ali polubrat je bio uporan. Nije ni slutio da će njegov gest dobro "koštati" sestru.

Kako je vrijeme prolazilo, mrak odavno pao, a sestre još nema, otac je u bijesu natjerao mamu da ide po nju. Ona se nije smjela suprotstaviti već se onako u kućnim dimijama i nanulama, gotovo trčeći spustila niz ulicu i otišla do polubrata. Našla ih je u kinu...

A po dolasku kući nastao je haos. Otac je uzeo kaiš, i čim se sestra pojavila počeo je nemilosrdno tuči, ne dozvoljavajući da mu objasni o čemu se radi, a niko ga nije smio zaustaviti. Brat i ja smo bili mali, skupili se u ugao sobe i u strahu prekrivali oči rukama. Plakali smo zajedno sa sestrom i onda na čuđenje mog oca, ali i nas dvoje, mama je odjednom stala ispred sestre zaklanjajući je svojim tijelom od užasno ljutog oca sa kaišem u uzdignutoj ruci. Pokušala ga je zaustaviti obraćajući mu se hrabro, a i sama ga se plašila. Međutim, ljubav prema kćerki i strah da je suviše ne povrijedi, nadjačali su njen strah kako će njen muž reagovati. Bilo je to prvi put da mu se suprotstavila govoreći:

- E dosta više! Ako već hoćeš Smaile da iskališ bijes, udaraj mene, a nju ostavii!

Zaustavio se, vidno iznenađen majčinim postupkom, dok se ona tresla od silne tuge za djetetom, a sestra od boli, straha, iščekivanja što će se desiti.

Sjećam se, tu noć niko od nas nije oka sklopio. Mama je cijelu noć sestri stavljala obloge po čitavom tijelu.

I takva, izudarana, sva u masnicama, moja sestra je sljedeće jutro otišla na pijacu s bratom kao da se ništa nije desilo. Bilo je savim normalno, da bez obzira u kakvom je stanju, izvrši svoju obavezu.

Bilo mi je toliko žao sestre, a oca sam mrzila! Danima nisam htjela da budem ni blizu njega, bez obzira što mi se pokušavao dodvoriti jer sam bila njegova mezimica.

Dugo vremena smo pamtili ovaj događaj, pokušavali ga zaboraviti, ali on je ipak ostao duboko urezan u naše pamćenje. Mogu misliti koliko je tek ostao u sjećanju moje sestre!

GOSTI

Posebno sam se radovala kada nam u goste dođu polubraća i polusestre sa svojim porodicama. To su bili vikendi za pamćenje, ne računajući one dolaske u vrijeme Bajrama. Dvorište je bilo puno djece, nešto mlađih od mene, ali sa istim željama. Bili su tu Jasminka i Jasmin (a od milja smo ih zvali Jasna i Bracan), djeca moje starije polusestre Arzije, Alma i Albin, djeca mlađe polusestre Zilhe, Jasna, Nermina (od milja je zvali Nerma) i Dijana, djeca polubrata Jusufa, Indira i Aida, djeca najstarijeg polubrata Mehmeda, Fahrija (zvali smo je Fahrica) rjeđe je dolazila jer su joj se roditelji razveli, a bila je to kćerka mog polubrata Edhema koji mi je bio velika podrška nakon smrti oca. Polubrat Rahmo je bio oženjen Slovenkom Slavicom i živio je u Sloveniji. Rijetko je dolazio, a samim tim i njegov sin Leon.

Igrali smo se svega i svačega, a ono što

mi je posebno ostalo u sjećanju su šnite svježeg domaćeg hljeba namazanog domaćim šipkovim pekmezom što smo mi, djeca, u slast jeli prije ručka.

Ručak je poseban doživljaj – odrasli jedu za trpezarijskim/kuhinjskim stolom, a mi djeca sjedimo na podu. Pričamo, smijemo se i jedemo, sve u isto vrijeme. Ispred nas se prostre bošća (neka vrsta stoljnjaka) a na nju stavljaju jela po redu: supa koju svi jedemo iz jedne posude – ćase, a zatim slijedi glavno jelo – sarma ili bosanski lonac, ili filovane paprike, a na kraju pita. Za desert bi bile hurmašice ili sutlija. Baklava se pravila samo za Bajram.

Iako siromašni, kada gosti dolaze mama je pripremala posebna jela što nije bio slučaj ostalim danima, kada smo bili sami. Tada smo imali jedno jelo, obično grah koji baš i nisam voljela, mahune ili pita. Ja nisam baš voljela kuhana jela, izuzetak su bile pite. Više mi je "ležao" hljeb namazan pekmezom.

Ipak, najviše sam voljela kada mi mama od domaćeg hljeba, dok je još vruć, odreže okrajak, a u sredinu stavi maslo koje se odmah rastopi. To bi pojela u slast.

BICIKLO "SPECIJALKA"

Moja velika želja u ranom djetinjstvu, a i nešto kasnije, gotovo do polaska u srednju školu, bila je da imam svoje biciklo. Sanjala sam ga vrlo često.

Jedan od moje polubraće, Edhem, nakon očeve smrti pomagao mi je u nabavci knjiga, odjeće i obuće, doduše polovne, ali izuzetno lijepe i kvalitetne, dobro očuvane od njegove kćerke Fahrice, godinu dana starije od mene. Pošto je bio na dobroj funkciji, imao je dobra primanja, te je svojoj porodici mogao pružiti puno toga. Ja sam bila sretna kada dobijem polovne stvari koje je već koristila njegova kćerka, jer meni moji roditelji nisu mogli priuštiti mnogo toga.

E taj moj polubrat, za kojeg su mnogi u školi mislili da mi je otac, jer je između nas bila znatna razlika u godinama, obećao mi je jednom prilikom, na kraju školske godine, da ću od njega dobiti specijalan poklon.

Pošto je upravo u to vrijeme moj sestrić Bracan, sin moje polusestre Arzije, nešto mlađi od mene, već imao biciklo "specijalku", ne znam zašto, ali sam ja sebi uvrtila u glavu da ću eto i ja konačno dobiti svoje biciklo.

Bila sam presretna. Međutim, to se nikada nije desilo, a mene je bilo stid da pitam polubrata Edhema kada ću dobiti specijalan poklon.

Sestra i brat su me često zadirkivali zbog ovoga govoreći:

"Dobit ćeš ti specijalku!"

MOJA PRVA KUPOVNA HALJINA

Sjećam se svoje prve haljine koja nije bila nošena, nije bila naslijeđena, bila je nova, kupljena u prodavnici i još po mom izboru!

Završila sam četvrti razred osnovne škole, naravno, odličnim uspjehom. Upravo tada, po završetku školske godine iz Slovenije je stigao moj polubrat Rahmo, koji me zbog toga što sam, kako je on znao reći, bila "pametna" i odlična učenica, posebno volio i izdvajao od ostale djece. Poveo me u čaršiju da ja izaberem haljinu kao nagradu za odličan uspjeh, i to po svom ukusu. Ušli smo u prodavnicu i prvo što je uradio predstavio me prodavačicama:

- Ovo je moja sestrica, odlična učenica i molim vas, pokažite joj najljepše haljine za njen uzrast. Cijena nije bitna!

Bilo mi je neprijatno, ali u isto vrijeme sam se osjećala i nekako posebno. Pa kako i ne bih – prvi put u životu dobijam novu haljinu, iz prodavnice! Nije bila naslijeđena, a nije je sašila ni naša šnajderica, a uz to je morala biti lijepa i skupa, ne jeftina, jer je tako tražio moj polubrat. I izabrala sam je.

Dobro sam zapamtila ovu haljinu, svaki njen detalj. Bila je to svijetloplava haljina sa sitnim bijelim tačkicama (tufnama) sječena u struku i nabrana, a na prsima je imala bijele volančiće, te kratke "puf" rukavčiće koji su završavali prelijepom, nježnom čipkom. Imala je plavu traku oko struka koja se vezala u mašnu otraga.

Oh kako sam izgledala u njoj! Kada sam se pogledala u ogledalo na trenutak sam pomislila da je to neka djevojčica iskočila iz nekog filma.

Možda je ova, baš ova haljina bila podsticaj da uspijem u budućnosti, da mogu sebi priuštiti lijepe i skupe stvari, da budem neko, da se svi ponose sa mnom, baš kao što se taj dan ponosio moj polubrat Rahmo.

MOJA ULICA

Moja ulica je bila poput svake druge ulice u nekom predgrađu. Imala je svoje kuće koje su se nalazile s obje njene strane, te sporedne puteve koji su vodili u pojedine dijelove mahale. Imala je i česmu pride.

Oko tri strane česme bila je željezna ograda sa prečkama na kojima su žene ostavljale svoj oprani veš da se okapa, a kada su bile slobodne, nama djeci su služile za igranje. Do česme su vodile betonske stepenice, oštećene, ali još uvijek u funkciji. Doduše zimi su bile opasne kada se zalede, pa su samo stariji mogli da se spuste po vodu.

Ova ulica je imala svoj prosjek i siromaštvo, ali nije imala šansu da postane prava ulica, asfaltirana, jer za asfaltiranje je bio potreban jak lobi. Lobi traži novac, a ulica nedovoljno interesantna. Bez "jakih" ljudi, dovoljno uticajnih, sa siromašnim žiteljima, ljeti se gušila u prašini, sve do neke 1960-te. Tada je i ova ulica dobila izgled prave ulice.

Prošlo je još dosta godina dok voda nije dovedena u kuće tako da je centar zbivanja čitave mahale bila ova česma. Preko dana tu su se okupljale žene i djevojke da peru i ispiru veš, te djeca da se napiju vode kada ožedne, ali više da se igraju na ogradi. U ranim noćnim satima djeca su se spremala za spavanje, a onda su po vodu dolazili momci i djevojke i uspput ašikovali.

Naša kuća je bila s druge strane ulice, tačno nasuprot ove česme, tako da smo mi mogli u svakom trenutku vidjeti ko je na česmi i što se zbiva oko nje.

Vremenom su gotovo svi u našem naselju proveli vodu bilo u svoje kuće ili u avlije. Jednog dana dobili smo i mi vodu, a pošto nismo bili dovoljno bogati da bude provedena i u kuću, imali smo svoju česmu u avliji. Ne sjećam se kada, ali jednog dana po povratku iz škole zapazila sam da nema

željezne ograde, da nema česme.
One zajedničke česme, česme našeg naselja, nije više bilo, a mnogo mi je nedostajala.

Na tom mjestu je ostala gomila zemlje, brežuljak, sa kojeg smo se zimi mi, djeca, spuštali saonicama prema ”logoru”. To su ustvari bile drvene barake postavljene tako da su zatvarale veći prostor, dvorište iz kojeg se ulazilo u pojedine stanove u kojima su živjele porodice rudara. Tek kasnijc sam saznala zašto su se ove barake zvale ”logor”. To je za vrijeme drugog Svjetskog rata zaista bio logor.
Evo još nešto vezano za moju ulicu.

U mojoj ulici su uglavnom živjele radničke porodice. Očevi su radili u Željezari, neki na Rudniku, na Željeznici, u Miliciji, a majke su bile domaćice. Djeca iz tih porodica u većini slučajeva nisu bili baš dobri učenici tako da su uglavnom završavali zanate ili ostajali na osnovnom obrazovanju, a samo nekoliko njih je završilo fakultete.

Kada bolje razmislim, interesantno je da su fakultete završili upravo oni koji su bili naše najbliže komšije. Sjećam se da je dvije kuće dalje od naše, na istoj strani ulice, stanovala porodica Perčinlić, sa sedmoro djece od kojih je troje završilo fakultet: Ljubomir, Vlado i Helena. Najstariji sin Ljubomir postao je poznati slikar. Nasuprot njihove kuće, s druge strane ulice stanovala je porodica Botić. Njihov najstariji sin Zdenko, također je završio fakultet i postao pozorišni glumac. Do naše kuće bila je porodica Vidimlić sa šestoro djece od kojih je najstariji sin Fahrudin završio fakultet.

Još samo jedna porodica u mojoj ulici mogla se pohvaliti da ima fakultetski obrazovano dijete. To je bila moja porodica. Od nas troje djece, dvoje starije je završilo zanat, a ja najmlađa, fakultet.

Iako su ove porodice imale nešto zajedničko s mojom, ipak su se razlikovale od nje - nisu bile baš imućne, ali ne i siromašne kao moja.

I još nešto veoma bitno - očevi u ovim porodicama su bili živi i zaposleni, a moja porodica je ostala bez oca penzionera kada sam ja imala samo deset godina, a majka je bila domaćica, a uz to i nepismena...

INAN

Pošto se naša kuća nalazila odmah nasuprot česme koju su koristili svi mještani naše mahale, sve ono što se dešavalo na česmi i u njenoj neposrednoj blizini, mi smo mogli vidjeti iz dvorišta, ili još bolje, s prozora. Čak nismo morali ni gledati – mogli smo čuti što se zbiva, jer su u to vrijeme automobili bili rijetka pojava u našem gradu, a našom ulicom gotovo da nisu ni prolazili.

Mogli smo čuti kako razgovaraju komšije, graju djece koja se igraju na česmi, majke koje zovu djecu jer je vrijeme ručku, ili da se spremaju za školu,...

Dobro se sjećam jednog karakterističnog zvuka, zvuka koji se javlja kotrljanjem metalne kante za vodu, na koji smo već svi bili navikli. I da ne gledamo kroz prozor, znali smo što je u pitanju. Govorili smo:

- Opet je Inan dobio napad!

U našoj ulici, nešto dalje od naše kuće, živjela je porodica čiji je sin Ivan (a svi su ga zvali Inan), imao "padavicu". Napad je dobivao iznenada, a kada mu se to desi na ulici idući na česmu po vodu, zvuk njegove kante je bio signal da neko od najbližih komšija istrči i pobrine se za njega.

Trajalo je to neko vrijeme, a onda dugo nismo čuli ovaj zvuk. Pitali smo se što nema Inana. Stariji su nam objasnili da Inana nema više, ozbiljno se razbolio i umro. Iako nismo bili bliski s njim, sva ulica je neko vrijeme utihnula, ili se nama djeci, samo tako činilo.

Jedno vrijeme se spominjao, a onda su ga svi zaboravili. Nije bilo ni onog zvuka koji pravi metalna kanta kada padne na zemlju pa se onda kotrlja...

Eto, ja sam ga se sad sjetila.

ĐUBRETARAC

Kad god se sjetim ovog događaja mogu da se smijem, a tada sam plakala.

Bio je kraj ljeta, bolje reći početak jeseni, vrijeme kada počinje nova školska godina. Ja sam tada polazila u peti razred osnovne škole i već na početku školske godine dobila "đubretarac" za predstojeću zimu. Naravno, i ovaj komad odjeće mi je dao polubrat Edhem, jer ga je njegova kćerka Fahrica prerasla, a možda i izgustirala. Kako god, iako već nošen, bio je kao nov, za mene prelijep. Toliko mi se dopao, urezao u sjećanje, da ga i sada dobro pamtim: bio je boje meda, imao kapuljaču, a zakopčavao se tamnosmeđom dugmadi u obliku bačvica. Odmah sam ga obukla da ga probam i odlučila:

- Obući ću ga u školu već danas!

Tog trenutka nisam uopšte razmišljala da li je bilo vrijeme da se nosi, a kao za inat, dan je bio sunčan, predivan. Bar da je kišilo pa da imam opravdanje. Mama i sestra su me ubjeđivale da nije vrijeme za njegovo nošenje. Govorile su mi da ću ga nositi kada dođe zima, ne prije. Naravno, bilo je po njihovom, a meni su ostale suze.

Znam da sam plačući otišla u školu, u popodnevnu smjenu i jedva čekala da dođe zima, a ona ko' za inat nikako da stigne.

KUĆICA ZA LUTKE

U nedostatku igračaka koje su imala druga djeca mog uzrasta, sama sam ih pravila i uživala u tome. U to vrijeme samo su djevojčice iz bogatijih porodica imale prave, skupocjene lutke, namještaj za lutkinu kućicu i sve ostalo što uz to ide.

Ja o tome nisam čak ni maštala. Naslijedila sam platnenu lutku sa gipsanom glavom, kojoj je nos bio okrnjen, a boja s očiju i usana gotovo spala.

Tek mnogo kasnije, poslije očeve smrti, kada je mama počela da prima penziju naslijeđenu od oca, dobila sam malu plastičnu lutku. Na sebi je imala običnu haljinicu, ali sam je ja oblačila u haljinice i suknjice koje sam joj ja šila od ostataka platna koje bi mi dala naša šnajderica.

A namještaj? E to je bila posebna kreacija. Ne sjećam se ko mi je to pokazao, ili sam možda sama došla do te ideje, zaista ne znam. Od običnih čičaka pravila sam sofe (kauče), fotelje i krevet na vrlo jednostavan način. Nabrala bih čičaka kojih je u blizini naše bašte bilo na pretek, spajala ih jedan na drugi i oblikovala ih u ono što sam zamislila. Preko tako dobivenih komada "namještaja" stavljala sam krpice izrezane po mjeri koje su služile kao prekrivači.

Od kartonskih kutijica – obično onih od lijekova, pravila sam ormar, šporet, sto, a sve to onda bi smjestila u kartonsku kutiju od cipela na čijim stranicama bi izrezala prozore, a na njih stavljala zavjesice, nabrane na konac i učvršćene špenadlama za kutiju.

Bila sam tako ponosna na svoju kućicu za lutke.

ROĐENDAN

Datumi rođenja mojoj porodici su bili beznačajni. Nikada se nisu obilježavali nikom od nas. Dakle, rođendane nismo slavili niti smo insistirali na tome. Tek mnogo kasnije, shvatila sam da je to dan koji se treba pamtiti i obilježiti, kada nekom bliskom, posebno onome do koga ti je stalo, trebaš pokloniti nešto, barem poljubac i iskrene čestitke.

Evo i sada dok ovo pišem nije mi jasno zašto se to u našoj kući izbjegavalo, zašto barem starija sestra nije to promijenila i naučila nas mlađe da je to važan dan, da ga trebamo pamtiti i čestitati jedni drugima. Pokloni nisu toliko bitni.

Sjećam se da sam u djetinjstvu samo jednom bila na rođendanu, a išla sam možda drugi razred osnovne škole. Bio je to rođendan kćerke mog polubrata Edhema, koja je samo godinu dana bila starija od mene i čiju sam već nošenu odjeću i obuću ja nosila uz beskrajnu zahvalnost. Pošto je bilo ljeto, rođendan je organizovan u dvorištu njihove kuće u centru grada. Kakav je to divan prizor bio – kao na filmu. Na dvorištu, u travi bio je postavljen veliki sto, prekriven lijepim bijelim stoljnakom, a na njemu razne poslastice, slane i slatke.

Oko stola su bile stolice na kojima su već sjedila djeca bliskih prijatelja mog polubrata, djeca moje druge polubraće i poluscstara, te naravno slavljenica Fahrica, kojima sam se i ja pridružila.

Niko od mojih me nije uputio kako treba da se spremim za rođendan, kako da se ponašam. Niko mi nije kupio poklon za slavljenicu. Došla sam praznih ruku. Bila sam tako sretna što sam pozvana na ovu proslavu, ali kada sam stigla, shvatila sam da je bila greška što sam ovdje dolazila. Odjednom me preplavila neka tuga i nelagoda. Moja pojava je pokvarila ovu lijepu sliku, sliku djece u svečanoj odjeći okupljenu oko svećano ukrašenog stola za koji sam eto trebala i ja sjesti.

Ne sjećam se baš, ali čini mi se da mi je neko od starijih rekao, možda moj polubrat Edhem ili njegova supruga Adva, da priđem slavljenici i da je poljubim i čestitam joj rođendan. To sam i učinila, nekako nespretno, gotovo bojažljivo, a vjerovatno zato što me ona nekako s visine pogledala, čak bih rekla s mržnjom. Kao da joj je smetalo moje prisustvo. Bilo mi je jako neprijatno. Najradije bi propala u zemlju, pobjegla, ali nisam mogla. Noge su mi bile teške, kao da su se ukopale u zemlju. Nisam mogla ni korak da napravim. Jednostavno sam se ukočila, a rumenilo je sve više i više prekrivalo moje nježno lice. Bila sam sigurna da svi bulje u mene i da će se svaki čas čuti gromoglasan smijeh djece upućen meni, djevojčici iz predgrađa, u skromnoj odjeći, sa nespretno svezanom mašnicom u kosi.

Kad bolje razmislim, Fahrica me nikada

i nije baš voljela. Nikada nije pokazala interes i želju da se druži sa mnom. Naprotiv, i kada smo bile puno starije svaki naš slučajni susret na ulici, pa čak i u kancelariji njenog oca počeo bi i završio sa samo jednom riječju "zdravo".

Uvijek mi je ostala ista, i dok je bila dijete, a i kasnije kada je odrasla – lijepo obučena, divne duge kose, visoka i u lijepim cipelama sa visokim potpeticama, kojc su je činile još višom. Hodala je dignute glave i pogledom koji ubija. Možda se meni samo tako činilo, a sve mislim da je samo mene tako gledala. Ali zašto? Prošlo je dosta vremena dok sam ja počela uopšte da razmišljam o ovome. Pretpostavljam da je bila ljubormorna na mene, jer sam oduvijek bila odlična učenica, a ona ne. Naprotiv, više loša nego dobra. Vjerovatno me njen otac zbog ovoga hvalio, a njoj to smetalo.

Kada sam bila starija, par puta sam htjela s polubratom da popričam o ovome i da ga pitam zašto se ona tako ponaša, ali sam svaki put odustajala, jer sam se plašila da ću ga povrijediti. Čak sam bila sigurna da on sve to vidi i zna, da saosjeća sa mnom, ali nije htio da povrijedi svoju kćerku, da se ona ne naljuti na njega. Pošto se razveo od njene mame, nastojao joj je ugoditi i ispuniti svaku njenu želju. Prelazio joj je preko mnogo grešaka, tolerisao puno toga. Možda je i pričao s njom o ovome. Ko zna?

A smetalo mi je njeno ponašanje. U neku ruku ja sam se stidila svaki put u njenom prisustvu. Možda zbog toga što je ona na sebi imala lijepu odjeću, obuću, bila uvijek lijepo dotjerana, a ja nekako skromno obučena, ništa posebno. Dok se ona pravila važna kako smo mi djevojčice znale reči, ja sam u njenom prisustvu još više izgledala jadno. Već na prvi pogled moglo se vidjeti da ne pripadam njenoj klasi.

Sa Fahricom nisam bila u kontaktu, ali sam od drugih saznala da se nakon završetka osnovne škole upisala u Gimnaziju, ali je morala već nakon prve godine napustiti jer joj je bilo preteško. Iz većine predmeta je imala slabu ocjenu. Upisala se kasnije u Ekonomsku školu koju je jedva okončala i zahvaljujući svom ocu i njegovim vezama, zaposlila se kao referent. To je bio domet njenog obrazovanja.

Prošlo je od tada dosta vremena dok nisam shvatila svoje kvalitete, na koje su mi to drugi ukazali. Nisam bila svjesna da nemam razloga da se stidim. Drugi su bolje od mene vidjeli da za stid nema mjesta. Bila sam vrijedna i redovno među najboljim učenicima, a kasnije i među studentima.

Po završetku školovanja zaposlila sam se u prestižnoj instituciji u kojoj su radili samo najbolji. Bila sam uspješna poslovna žena, koju su svi poštovali i cijenili. Međutim, nikada nisam zaboravila onaj rođendan iz djetinjstva. Svaki rođendan moje djece, a kasnije i moje unučadi, podsjetio bi me na ovaj, rođendan kćerke mog polubrata Edhema.

NOĆNA MOLITVA

Rođena sam u muslimanskoj porodici, gdje su otac i majka bili veliki vjernici, djeca ne. Ne samo nas troje najmlađih, već i moja polubraća i polusestre. Niko od nas djece nije mnogo obraćao pažnju na vjeru, nije išao u džamiju, niti se kod kuće molio Bogu, tj. učio iz Musafa i klanjao.

Moja polubraća i polusestre su poštovali oca i maćehu i obavezno dolazili u posjetu sa svojim porodicama u vrijeme Bajrama. Supruge dva polubrata, Jusufa i Rahme, bile su katoličke vjeroispovijesti, ali su dolazile i one na Bajrame i zajedno ga slavile u krugu velike porodice njihovih muževa. To što njegove snahe, Olgica i Slavica, nisu muslimanke, mom ocu nije smetalo. Nama ostalim još manje.

Poštovao je svaku vjeru, nije nametao svoju, ali je djeci svoju nastojao približiti dok su još bili mali. Sjećam se da je svako veče, nakon što večeramo, uzimao u ruke Musaf i učio iz njega. Mama, moja sestra i brat su morali sjesti pored njega, na koljena, i moliti se Bogu zajedno s njim. Brat i sestra to nisu voljeli, ali ko ih je pitao – morali su slušati oca. Ja sam kao miljenica oca bila pošteđena ovog, mogla sam ići na spavanje. Kao da je bilo jučer, čujem oca kako govori:

- Ti 'ćeri možeš ići leć.

Smrknuti pogledi brata i sestre su jasno pokazivali koliko mi zavide, ili bolje reći - koliko me zbog toga mrze.

ZABRANJENO PO ŠERIJETU

Muslimanima nije dozvoljeno konzumirati svinjetinu ni po koju cijenu osim u situaciji nužde kada je čovjekov život direktno ugrožen zbog žestoke gladi, a svinjetina je jedina hrana koja mu je pri ruci. Po Šerijatsko-pravnom kodeksu zabranjene stvari su u nuždi dozvoljene.

Sve ono u čemu je šteta za ljudski život, bilo da se radi o zdravlju, imetku ili ponašanju, ulazi u okvire ružnih i nevaljalih stvari. Savremena istraživanja kao i liječničke analize potvrdili su da je svinjetina štetna po ljudsko zdravlje: svinjsko meso uzrokuje parazitska, bakterijska i virusna oboljenja, kao i mnoge druge bolesti, te je to obrazloženje zašto ga ne konzumiraju pravi muslimani, oni koji drže do vjere.

Pošto je moja porodica bila muslimanska koja se pridržavala Šerijetskog kodeksa, kada je u pitanju konzumiranja hrane, razumljivo je da nismo konzumirali svinjsko meso.

Međutim, dok sam bila sasvim mala, nisam razumjela ovo, a kao i svakom dijetetu, privlačilo me je baš ono što je zabranjeno. Sjećam se, naš prvi komšija Đorđo, redovno je u jesen klao svinju i pravio između ostalog čvarke.

Njegova kćerka Milena, gotovo moja vršnjakinja, dijete kao i ja, nije znala da ja to ne smijem jesti pa mi ih je jednom ponudila. Malo je nedostajalo da uzmem, kada se na vratima pojavila njena mama i počela je grditi. Nas dvije smo se pogledale i na trenutak zastale pitajući se što je to Milena pogrešno uradila.

DIVAN JESENJI DAN OKUPAN SUZAMA

Još jedan divan jesenji dan, suncem obasjan, otvorio je svoja vrata, pun nadanja i ljepote koja priliči uzrastu desetogodišnje djevojčice. Dok su se ostali učenici radovali baš ovom danu jer je slijedio vikend, kada se ne ide u školu, ja sam se radovala jer sam znala da ću baš to popodne ići kod polubrata Mehmeda u goste i igrati se s njegovim kćerkama, Indirom i Aidom. Imale su tako lijepe igračke i lutke o kojima sam ja mogla samo sanjati.

Jedva sam čekala da školsko zvono oglasi kraj posljednjeg časa i da trčeći idem kući kako bi s mamom i sestrom otišla u goste.

Moj otac je bio u bolnici, kažu na ispitivanju, koje je trajalo već gotovo mjesec dana. Naravno, bilo mi ga je žao. Išla sam mu u posjete sve do posljednjeg vikenda kada nam je rečeno da ipak djeca ne dolaze, samo stariji. Nisam baš shvatala zašto, iako mi je mama rekla da je to zbog njega kako mu ne bi smetali. Tako je rekao doktor. Uvijek vesela, skakutava, bila sam djevojčica koja se radovala svakom novom danu, mislila sam da mi se ništa loše ne može dogoditi, da me ništa ne može zaustaviti ili usporiti moj let.

I onda, tog petka, 01. oktobra negdje oko 18 sati, dok smo se nas tri djevojčice igrale, a mama, moja sestra Zada i supruga mog polubrata, Eda, vodile razgovor uz kafu, nismo ni primjetile da su u sobu ušla moja dva polubrata., Mehmed i Edhem. Nikada neću zaboraviti taj dan, taj trenutak. Najednom je zavladala tišina, toliko jaka da smo na trenutak i nas tri djevojčice zastale i prekinule igru. Tu užasnu tišinu parale su riječi jednog od njih, izgovorene sasvim tiho:

- Otac je umro!

Tada kao po dogovoru, odrasli, svi u isti čas su počeli da plaču, mama najviše, najglasnije. Sobu su ispunili jecaji, dok smo nas tri najmlađe zbunjeno gledale jedna u drugu, a onda u suzama oblivena lica odraslih. Gotovo nisam još bila svjesna što se desilo, kada sam i ja počela da plačem. Zagrlio me je Mehmed, vidno potresen, pokušavao me utješiti. Nešto mi je govorio ali ga ja nisam čula.

Uskoro smo svi zajedno krenuli našoj, porodičnoj kući gdje su nakon nekog vremena stigla i ostala polubraća i polusestre, izuzev Rahme, koji je živio u Sloveniji. Telegramom je bio obavješten o smrti oca, te je već narednog dana i on došao sa svojom ženom Slavicom. Sina Leona nisu poveli, rekli su ostao je kod Slavicine rodbine. Da, tog dana, moj otac je zauvijek zaspao, zatvorio svoje oči i otišao s ovog svijeta a da ga nisam ni zagrlila, poljubila. Tog dana, nisam bila ni svjesna što se zapravo događa, a moj svijet se počeo rušiti poput kule od karata. Smrt mog oca, kome sam ja bila mezimica, uz kojeg sam osjećala posebnu sigurnost, odnijela je i dio mene.

Ne odmah, ali vremenom sam shvatila što znači biti bez oca, biti siroče.

I MAĆEHA MOŽE BITI POŠTOVANA

Moja majka, nepismena, žena sa sela, vrijedna i uredna, bila je žena koju su svi poštovali i cijenili, svi izuzev njenog muža, mog oca. Tek kada sam dovoljno odrasla mogla sam da razumijem mnogo toga na što kao dijete nisam ni obraćala pažnju. Nikada nisam mogla vidjeti da je otac pokazao malo pažnje prema mojoj majci, da je zagrlio ili joj uputio lijepu riječ. Mislila sam da je to sasvim normalno, da su takvi i drugi muževi prema svojim suprugama.

Odrasla sam u patrijarhalnoj porodici gdje se znalo ko je "glava" kuće. Naravno, bio je to otac. On se za sve pitao, a majka je imala svoju ulogu, sporednu. Bila je nepismena, odrasla na selu, a udala se u grad za čovjeka kojem ovo nije bio prvi brak. Imao je šestoro djece iz prvog braka, koje je moja majka "naslijedila" ulaskom u ovaj brak, jer je njihova majka umrla, pa je tako ona dodatno dobila i ulogu maćehe.

Međutim, ona nije bila ona maćeha kako su je redovno opisivali u bajkama. Bila je žena koja je znala pružiti ljubav i pažnju svojim pastorcima, znala je brinuti o njima, a kasnije i o njihovoj djeci koju je čuvala dok su im roditelji bili na poslu.

Saznala sam od drugih da ih je toliko puta ona znala "spasiti" od njihovog oca, preuzimajući krivicu na sebe kada nešto krivo urade, samo da bi spriječila muža, njihovog oca, da ih tuče. Nisu to bile obične batine od kojih se brzo oporaviš. Bile su to batine bolne, krvničke, koje dugo pamtiš i bogami dobro osjetiš. Poslije ovih batina ne pada ti napamet da napraviš istu grešku, a to i jeste bio cilj. Dešavalo se da djecu u naletu bijesa, kada su bila starija, nakon dobrih batina otac otjera od kuće, a njihova maćeha, moja majka, potrudila bi se da sazna gdje se kriju, pa bi im potajno, da otac ne zna, odnijela nešto hrane i odjeće...

Nije dugo potrajalo i svi pastorci su po završetku školovanja, osnovali svoje porodice i otišli da žive svoj život. U porodičnoj kući ostali smo samo otac, naša majka i nas troje djece iz poslednjeg braka mog oca – braka s našom majkom.

Dok je otac bio živ, moja majka se brinula uglavnom o kući i djeci - da kuća bude čista, a djeca uredna, da im je odjeća oprana, ispeglana, ukrpana, da su obroci na vrijeme i da su gosti dobro usluženi. Gosti u našoj kući su uvijek bili dobro došli, dočekani sa osmijehom i dobro posluženi. Majka je bila oslobođena kupovine bilo koje vrste, bilo da se radi o plačanju režija, o nabavci potrepština za kuću, zimnice, ogreva, bilo da se radilo o kupovini odjeće i obuće, te svega potrebnog za školu.

Nakon smrti mog oca, veliki "teret" je pao na njena leđa. Bilo je toliko toga u što nije bila upućena, a morala je. Morala je odmah, bez odlaganja, da nauči kako da se uhvati u koštac sa životom koji joj i prije toga nije bio bog zna kakav, a sada se morala snalaziti sama, potpuno sama. Iako nepismena, neiskusna u onim stvarima za koje je otac bio zadužen, moja majka je uspjela sama, bez ičije pomoći sa strane "podići" nas troje djece, baš kao da je sve kako treba.

U vrijeme očeve smrti ja sam završila tek treći razred osnovne škole i nisam joj bila baš od neke pomoći. Sestra je bila pet godina starija i pomagala joj je na svoj način, u skladu s njenim godinama, a brat koji je bio tri godine stariji od mene, više je odmagao nego pomagao.

Vremenom je očevo odsustvo totalno izblijedilo. Izgledalo nam je sasvim normalno da živimo ovako, bez njegovog prisustva.

Nakon smrti mog oca kod majke se javio neopisiv strah, neizvjesnost. Onako nepismena, nije ništa znala o porodičnom zakonu i njenim pravima kao žene kojoj zakonski pripada određeni dio imovine iza umrlog. Ostala je udovica iza svog muža s troje maloljetne djece. Nije ni pomišljala da bi samo ona i njena djeca bili nasljednici imovine iza umrlog. Tu su bila i djeca njenog muža iz prethodnog braka, njeni pastorci.

Ako ćemo pravo to i nije bila neka imovina – skromna kućica sa okućnicom i malom baštom. Međutim, za moju majku to je bilo pravo bogatstvo, jer ništa drugo nije ni imala osim minimalne penzije koju je naslijedila nakon smrti muža. Kako god, do tada je imala siguran krov nad glavom za sebe i svoju djecu.

Te noći, nakon ukopa oca, kada su u porodičnoj kući pored nas troje i naše majke bili prisutni i sva moja polubraća i polusestre sa svojim porodicama, majka je nekako nesigurno, drhtavim glasom, u dubokoj tuzi za svojim bračnim drugom, sa suzama u očima, tiho molila:

- Draga moja djeco, ako može ikako,

dajte mi samo jednu sobu, ali ... (brisala je suze, jecajući) da se zna da je moja i moje djece,
kako se ne bi našli na ulici."

Zavladala je tišina, a onda je najstariji od njih rekao:

- Tetka (tako su je zvali svi pastorci, pa i njihova djeca), ne brini, niko vas neće dirati, sve dok si ti živa.

To je značilo da su joj dozvolili da i dalje neometano živi u porodičnoj kući sa svojom djecom, da ih niko neće uznemiravati barem dok je ona živa. Dakle, dobila je više od jedne sobe! Tada nije ni razmišljala što će se desiti s njenom djecom ako ona umre prije nego što završe školovanje, prije nego što ih "izvede na pravi put". Ili možda jeste, pa je tada imala još jednu želju - da živi dovoljno dugo da njena djeca odrastu i sami sebi obezbjede krov nad glavom.

Moja majka se tad zaplakala i kroz suze rekla:

- Hvala vam djeco moja!

Da, ona ih nikako drugačije nije ni posmatrala već kao svoju djecu. Bila im je zbog ovog beskrajno zahvalna. Osjećala je neku obavezu i koristila svaku priliku da im se nekako oduži, na svoj način. Između ostalog, znala je što svako od njih najviše voli da jede pa bi im to spremila kada je očekivala njihovu posjetu. Ne može se reći da je to radila iz nekog straha, jer je od ranije naučila da dobro ugosti sve one koji dođu u njen dom.

Oni su je poštovali i cijenili.

U početku, neposredno nakon smrti oca, dolazili su svake subote na zajednički ručak, koji je moja majka pripremala s posebnom pažnjom vodeći računa o izboru jela. Pravila je jela koja su njeni pastorci najviše voljeli. Nastojala je da udovolji njima i njihovim porodicama, a mi, njena djeca, bili smo manje važni. Štedila je od skromne penzije i od novca zarađenog prodajom povrća na pijaci, kako bi zajednički ručak bio dostojan njenih pastoraka. Nama troma, mojoj sestri, bratu i meni, to je sasvim odgovaralo, jer su ručkovi običnim danima bili izuzetno skromni. Bilo je dovoljno da nismo gladni.

Naravno, okupljali su se i na svaki Bajram, a kako je vrijeme prolazilo posjete su bile sve rjeđe, a ostale su samo one u vrijeme Bajrama. Iako su posjete bile rjeđe, oni su održali dato obećanje. Njihovu maćehu i njenu djecu niko nije dirao do njene smrti, a ni poslije...

ONA JE ZNALA KAKO PREŽIVJETI

Kako je naslijeđena penzija bila izuzetno mala, tek tolika da se kupi nešto hrane i plate režije, da bi obezbjedila dodatna sredstva, mama je nastavila da dopunjava porodični budžet s novcem od prodaje povrća iz bašte, kao što je to bilo i dok je otac bio živ. Sijali smo povrće u bašti koje smo konzumirali, a veći dio smo prodavali na pijaci.

Činjenica, prodaja povrća na pijaci u relativno malim količinama nije bio posebno "isplativ posao", a tražio je dosta truda. Ipak, nama je puno značio. Ovaj "posao" zahtijevao je mnogo toga – u jesen pođubriti baštu, u proljeće obraditi – prekopati je, napraviti lijehe i posijati povrće, plijeviti, okopavati i zaljevati. Što se tiče obrade bašte i uzgoja povrća, brat je učestvovao samo kod kopanja i grabljenja, a mama je sve ostalo radila. Mi, djeca smo joj samo ponekad pomagali plijeviti i brati povrće. Nije od nas ni tražila nešto više, samo da učimo. Najveći teret je ipak bio na majci. Ona je pripremala povrće za pijacu, prala ga i pravila "snopiće" (vezice) mrkve i peršuna. Spajala bi po pet/šest komada mrkve i jedan/dva komada peršuna i vezala ih posebnim uzicama koje je pravila od starih, poderanih čarapa – najlonki. Bila je mišljenja da se sve može iskoristiti. To isto bi radila i sa mladim lukom, a salatu, špinat i blitvu bi dobro oprala i to bi se prodavalo na kilogram.

Ponekad smo na pijacu išli svetroje – brat, sestra i ja, a većinom samo brat. Za vaganje smo koristili kantar (vagu sa oprugom), koji je na jednom kraju imao kuku na koji se objesi kesa u koju se stavlja povrće i svojom težinom ono rasteže oprugu, koja se zaustavi na određenom mjestu a na skali se očita težina. Jednostavnije i lakše je bilo vagati na vagi s tasovima i tegovima, ali se ona posebno iznajmljivala na pijaci i plaćala, a to je za nas već bio luksuz. Za nas je bilo previše i to što smo morali platiti placarinu – zakup tezge na pijaci na kojoj smo izlagali svoju robu. Trebalo je štedjeti svaki dinar.

Ja sam voljela prodavati na pijaci. Nekako sam se lijepo osjećala kada kupci dođu do naše tezge i kupuju baš od nas. Da bi privukli što više kupaca, povremeno smo prskali vodom vezice mrkve i peršuna, kako bi uvijek bili svježi, kao da su tek ubrani iz bašte. Pošto sam ja bila mala, da bi me kupci mogli vidjeti za tezgom, brat bi našao gajbu na koju bi se ja popela i tako prodavala naše povrće. Možda je i to privlačilo kupce, jer im je bilo neobično da mala djevojčica prodaje za tezgom. Prodajom povrća na pijaci činilo mi se da sam nešto dobro učinila za svoju porodicu, da sam na neki način pomogla upravo majci. Osjećala sam se nekako odraslo, važno. Na trenutak bih zaboravila da sam još uvijek samo dijete...Najsretniji smo bili kada sve prodamo, mada se znalo desiti i da vratimo kući nešto od povrća pa ga mama stavi u vodu da ne uvehne do narednog dana, kako bi ga brat ponovo odnio na pijacu.

Majka je kućni budžet dopunjavala i na druge načine. Čuvala bi djecu iz komšiluka dok su njihovi roditelji na poslu, ali i izdavanjem prostorija u prizemlju kuće podstanarima, koje su prethodno renovirane za stanovanje. I za ovo je trebao novac, a naša majka, iako nepismena, ipak je znala s novcem. Naučila je. Život je na to natjerao. Znam da je novac dobiven od zaostalih penzija, iskoristila za renoviranje ovih prostorija, mada su joj neki govorili da za taj novac djeci kupi TV aparat, da sa djecom ode na godišnji odmor, na more. Međutim, ništa od toga. Ona se držala svoga plana.

Zahvaljujući ovom potezu moje majke, naš kućni budžet se znatno popravio. Čak smo već iduće ljeto išli majčinoj rodbini na selo u posjetu i bili tamo deset dana... Bilo je lakše živjeti.

MOJE PRVO LJETOVANJE

Dobro se sjećam svog prvog ljetovanja. Išli smo majčinoj rodbini na selo. Bilo je to dvije godine nakon očeve smrti. Za mene koja prvi put putuje uopšte, a posebno prvi put vozom, bilo je to nezaboravno iskustvo.

Išli smo nas četvoro: mama, sestra, brat i ja. Dok je otac bio živ to je bilo nezamislivo. Ne znam iz kojeg razloga, ali nigdje nismo putovali. Da li zbog toga što nismo imali dovoljno novca, a putovanja koštaju, ili ...

Ali eto nakon njegove smrti mama je našla načina da uštedi novca i pored neimaštine i da odemo na godišnji odmor. Svi smo se radovali i jedva čekali da krenemo. Znam da tu noć dugo nismo zaspali, valjda od uzbuđenja i silnog razmišljanja što nas na ovom putovanju očekuje. Mama je ranije rodbini kupila poklone, a kada smo stigli na željezničku stanicu, kupila nam je vozne karte i konačno smo mogli da krenemo. Kada smo ušli u voz i ja se smjestila pored prozora, poželjela sam da voz krene što prije. I konačno je krenuo. Još mi u ušim odzvanja zvuk pištaljke otpravnika vozova, a posebno zvuk lokomotive, popularnog voza "ćire". Bio je to voz s parnom lokomotivom. U to vrijeme nije ni bilo drugog. Poseban je doživljaj bio izbaciti glavu kroz prozor i dok vjetar mrsi kosu, posmatrati predjele kroz koje prolazimo. Ovako iz voza, nekako mi se i drveće činilo drugačijim.

Sve je bilo drugačije. I naša lica. Bila su čadžava, ali obasjana radošću. Pitali smo se šutke što nas još očekuje.

I bilo je toliko toga lijepog, nezaboravnog. Prvi put sam uživo vidjela konja, kravu, tele, ovce,...Vidjela sam kako izgleda štala, kako ljudi žive na selu. Sa rođacima, sestrom i bratom išla sam da "kupimo" sijeno i pravimo plastove. Oh kako je mirisalo sijeno, a tek ljepote kada nas stariji podignu na tek formiran plast sijena da ga mi utabamo, kako bi sijeno bolje "leglo" i plast bio čvršći.

Preplanuli, oznojeni, ali sa novim iskustvom nismo osjećali nikakav umor, možda samo žeđ i želju da ovo ponovimo. Igrala sam se s rođacima i djecom iz njihovog susjedstva, našim vršnjacima. Više smo pričali. Njih je puno toga zanimalo. Htjeli su da znaju kako se živi u gradu, što mi radimo, kako provodimo slobodno vrijeme. Pričala sam im o filmovima koje sam gledala, o svojoj školi i još puno toga.

Osjećala sam se tako lijepo, nekako posebno, valjda zato što su me ta djeca sa sela drugačije gledala jer sam iz grada. Za njih sam bila toliko drugačija, da sam i ja sama sebe počela drugačije gledati. Nekako sam sama sebi bila važna, a nisam ni znala zašto.

"U PAMET!"

"U pamet!" – bile su to samo dvije riječi, a značile su puno toga, bar meni.

Nikada mi moja mama nije objasnila što te riječi tačno treba da znače, ali ja sam na neki svoj način znala njihovo značenje i držala se toga.

Meni su zvučale kao neko važno upozorenje. Ukoliko ga ne budem ozbiljno shvatila i ne budem se pridržavala istog, slijedi mi velika kazna.

Mislim da su značile sve, baš sve - da vodim računa što radim, kako se ponašam, s kim se družim, gdje idem, kada se vraćam kući, itd, itd.

Nekako sam znala da one nisu upozoravale na to kave ću ocjene dobiti u školi, da pazim na školskim časovima,...

Bilo gdje da krenem i bilo kada, uvijek me majka ispračala s njima.

Ne sjećam se da ih je ikada zaboravila, a nisam ni ja.

KAD SE OSTVARE SNOVI

Pohađala sam Tehničku školu koja se nalazila uz Metalurški institut koji je bio jedan od važnijih znakova prepoznavanja Zenice, u kojem su bili zaposleni vrhunski istraživači različitih specijalnosti. Bila je to institucija, za mnoge nedostižna. Samo najbolji su imali mogućnost da tu rade i budu dio tog svijeta. Znam da sam za vrijeme velikih odmora, sa prozora ispred moje učionice, gotovo ljubomorno posmatrala zaposlenike Instituta kako u bijelim mantilima za vrijeme pauze za doručak, šetaju kroz predivan park koji je bio ponos ove institucije, ali i čitavog grada. Naravno, mogla sam samo maštati da im se i ja u budućnosti pridružim i budem u tom okruženju.

Nikada nisam ni pomislila da će se moji snovi pretvoriti u stvarnost. I ranije sam imala kojekakvih snova a ne sjećam se da su se ostvarili. Možda ipak neki, manji... Ovo je bilo više od snova, mnooogo više.

Po završetku srednje škole, shvatajući da nemam finansijske mogućnosti da upišem željeni fakultet, mislila sam da se prvo zaposlim, a studij ostavim za kasnije. Kad god sam imala neki problem ili dilemu oko škole, obraćala sam se polubratu Edhemu koji mi je bio kao otac i nikada mu nije bilo teško učiniti bilo što za mene. To sam učinila i ovaj put. Rekla sam mu za svoje namjere, ali plašeći se da me ne navede na pogrešan put, konsultovao se sa svojim prijateljem (tek kasnije sam saznala da je to bio Direktor Instituta).

Prijatelj mu je predložio da prihvatim stipendiju Instituta, jer kao inženjer imam daleko veće mogućnosti za napredovanje u karijeri, a što kao tehničarka, ako bi se zaposlila sada, nikada ne bih mogla ostvariti. S obzirom da sam bila odlična učenica, bez problema sam mogla dobiti stipendiju, ali pod uslovom da upišem studij iz oblasti metalurgije. Baš ono što me nikako nije privlačilo!

Trebalo je donijeti odluku. Nisam sigurna da sam dugo razmišljala. Poslušala sam svog polubrata. Prihvatila sam stipendiju i upisala fakultet, doduše ne onaj koji sam željela, ali sam dobila nadu da po završetku školovanja radim na Institutu, o čemu sam ranije mogla samo sanjati. Znam da su mnogi maštali o tome, a eto meni se ukazala prilika.

Naravno, kasnije, po okončanju studija, to se i ostvarilo. Tu sam zasnovala radni odnos.

Kako sam se divno osjećala radeći na Institutu, rame uz rame s vrhunskim stručnjacima iz oblasti metalurgije, fizike, matematike, a što je još značajnije, s Akademikom–dr.prof.Kemalom Kapetanović, koji je bio na čelu ove institucije!

Upoznala sam ga još za vrijeme studija. Bio je

moj profesor, a znao je svakog svog studenta, a pogotovo one koji su bili stipendisti Instituta. Pratio je njihov rad za vrijeme studija, pružao stručne savjete i ukazivao na greške. Na neki način ih je tjerao da budu dobri, najbolji! Bila ječast poznavati ovog čovjeka, a možete misliti kakav je tek osjećaj da vam on bude profesor, a kasnije i Direktor!

Puno toga sam naučila od njega, za ono kratko vrijeme koje sam provela na Institutu dok je bio živ. Nažalost, rano je umro, na iznenađenje svih onih koji su ga poznavali, a poznavali su ga mnogi, poznavali su ga stručnjaci iz mnogih zemalja, iz različitih dijelova svijeta. Šteta, a mogao je toliko toga još dati!

Dakle, nosila sam i ja bijeli mantil, za vrijeme pauza šetala po parku u krugu Instituta, ponosno učestvovala na raznim simpozijumima, sa svojim kolegama radila na raznim projektima, učila kako da budem uspješna, i bila uspješna. Konačno, s ovog mjesta otišla i u zasluženu mirovinu.

Kada sad razmišljam o tom periodu mog života, a nije bio mali, cijeli moj radni vijek, srećna sam što sam opravdala povjerenje mog profesora, rahmetli Akademika Kapetanović Kemala, ali i svog polubrata Edhema.

OBEĆANJE

Začeta greškom, slučajno, ne iz ljubavi, izborila sam se u majčinoj utrobi da ipak dođem na ovaj svijet, možda iz inata, iako je postojala velika vjerovatnoća da se to neće desiti.

Kao najmlađa od jedanaestoro djece, u siromašnoj porodici gdje se djeci, njihovim potrebama i željama nije pridavala neka važnost, sama sam učila čitati i pisati, sama sam pravila sebi igračke, sama sam učila vesti, plesti, šiti, učila sam od drugih kako treba dobro živjeti, kako biti najbolji, kako biti uspješan i kako ostvariti svoje snove.

Toliko toga mi je nedostajalo, a što su moji vršnjaci imali. I pored toga, bila sam vesele naravi, nasmijana i puna života. Nisam imala nikog bliskog da mu se povjerim, da mu kažem kolika je tuga duboko u meni, a ja sam je tako uspješno skrivala.

Često sam noću plakala i odlučila:

- Svojoj djeci, ako ih budem imala, pružit ću sve ono što ja nisam imala. Potrudiću se da im pokažem koliko ih volim, bit ću uvijek uz njih, pružiti im pomoć i podršku kad god im bude trebalo... Pobrinut ću se da im život bude lakši, ljepši od onog kojeg sam ja imala, ali i da ih naučim kako da budu dobri ljudi, pošteni, vrijedni i na kraju i uspješni.

MOJA DJECA SU ŽIVJELA OVAKO

Da, uistinu sam svojoj djeci nastojala pružiti sve ono što ja nisam imala, što je meni bilo uskraćeno u djetinjstvu pa i kasnije.

Moje kćerke, Nina i Amra, rođene su iz ljubavi, odrastale uz ljubav i pažnju svojih roditelja kojih se nisu morale stidjeti. Njihovi roditelji su bili obrazovani, na dobrim funkcijama, a što je posebno važno, istih godina kao što su roditelji njihovih školskih drugara. Bili su spremni da svojoj djeci pruže mnogo ljubavi, pažnje, podršku i pomoć kad god im je trebalo...

Imale su igračke kao i sva ili gotovo sva djeca njihove generacije, imale su i biciklo, dobijali su za Novu godinu poklon od Djeda Mraza, u firmama gdje su radili njihovi roditelji, u obdaništu, ali i kod kuće, svake, baš svake Nove godine. Zubić vila im je za svaki mliječni zub koji im ispadne, zauzvrat "donosila" poseban poklon.

Kada sam ja bila dijete, nisam ni znala ko je Zubić vila! Nosile su novu odjeću i obuću, dobijale nove školske torbe i školski pribor na početku školske godine. Nisu bile u situaciji da nose naslijeđenu odjeću i obuću niti školske knjige i torbe. Slavile su svoje rođendane, ali išle i na rođendane svojih rođaka, drugara i prijatelja.

Školske raspuste nisu provodile kod kuće već na moru i to ne samo ljetne već vrlo često i zimske, i redovno boravile u hotelskom smještaju. Prvi put su išle na more već sa sedam mjeseci starosti.

Imale su i svoje ljubimce u različitim razdobljima svog djetinjstva: prvo ribice, pa male kornjače, zatim hrčka, razne papige, macu, kanarinca (doduše njihov tata ga je nabavio više za sebe), a na samom početku rata ispunjena je i dugogodišnja želja naše starije kćerke. Tata joj je jednog dana donio psa vučjaka-njemačkog ovčara. Koliko se moja Nina obradovala! Tu sreću je dijelila sa sestrom Amrom, ali i sa nama, njenim roditeljima. Do tada je bilo nezamislivo da u stanu držimo bilo kojeg psa, a posebno vučjaka koji se strašno brzo razvijao. Od malene kuce donešene u kutiji za cipele, nakon nekoliko mjeseci dostigao je veličinu velikog, odraslog psa kojeg smo morali premjestiti na balkon. Međutim, eto u ratu je bilo i privilegija. Kćerka je našem vučjaku dala ime Reks.

Bio je ljubimac svih nas. Rat je, nismo imali dovoljno hrane ni za sebe, ali Reksu nije ništa nedostajalo. Imao je sreću da mu moj muž svaki dan donosi ostatke hrane iz kuhinje firme u kojoj je radio. Uz Reksa smo na trenutke zaboravljali da je rat, sve dok nas na to ne bi podsjetile sirene za uzbunu zbog granatiranja. Kada je dosta porastao morali smo ga dati jednom prijatelju na selo koji se nastavio brinuti o njemu.

Jednog dana nam je javio da Reks nije

dobro. Sjećam se da su kćerke otišle s mužem da ga posjete i vratile se u suzama. Ispričale su mi iako dobro bolestan, bile su sigurne da ih je prepoznao jer je mahao repom, a nije imao snage da stoji na nogama. Ponijele su mu nešto hrane od sebe ali nije ni okusio...

Već sljedećeg dana saznali smo da Reksa više nema, a samo zato što nismo imali novca da ga veterinar vakciniše.

Mislim da Nina još uvijek čuva njegovu ogrlicu.

POČEO JE RAT

Sve je bilo lijepo, gotovo savršeno do početka 1992. godine kada je počeo rat u mojoj zemlji, Bosni i Hercegovini.

Došlo je vrijeme kada sam svojoj djeci, mojim kćerkama, Nini od 13 i Amri od10 godina, mogla pružiti mnogo manje nego što sam ja imala u svom djetinjstvu, bolje reći gotovo ništa. Kakav paradoks! A do tada su imale divno djetinjstvo, baš kao što sam i obećala. I bilo je sve do ove 92', kada je njihov bezbrižan život bio naglo prekinut. Umjesto divne muzike koju su pratile s MTV-a, muzike njihove generacije, bile su primorane slušati zvuk sirena koje su upozoravale na uzbunu, pucnjevu iz različitog oružja, odjeke granata, jače ili slabije zavisno od toga s koje udaljenosti su ispaljene.

Je li moguće da se to nama dešava? Da li je to stvarnost? Gledamo preko TV-a prenos dešavanja u našoj zemlji, gledamo rat uživo i ne vjerujemo!

Kako je koji dan prolazio sve više smo shvatali ozbiljnost situacije i da je došlo vrijeme za spašavanjem vlastitih života, da se snalazimo kako znamo i umijemo da bi preživjeli, ne znajući da li je tvoj prvi komšija na tvojoj strani ili se moraš i od njega kriti. Jedina dobra stvar je bila da je većina takvih već na početku napustila svoje domove, svoj grad, i priključila se onoj drugoj strani kojoj nije odgovarao suživot ovdje s nama, s onima koji su ostali u ovom haosu da prkose svim nedaćama koje rat nosi i da se na svoj način bore da opstanu.

U početku su sva domaćinstva imala koliku toliku zalihu najpotrebnijih namirnica brašna, ulja, šećera, ali se ipak vodilo računa koliko se troši - minimalno, kako bi potrajalo što duže.

Početak rata pamtim po redovima u kojima smo stajali kako bismo došli do neophodnih namirnica, onih svakodnevnih – hljeba, mlijeka, ulja. Bez obzira koliko je neko imao novaca nije mogao kupiti više nego što je naređeno.

Nije dugo potrajalo a počeli su se stvarati redovi u mjesnim zajednicama za dobijanje propisane količine hljeba u skladu s brojem članova domaćinstva. Nešto kasnije uvedeno je i dijeljenje brojeva kako se ne bi bespotrebno pravile gužve i mještani izlagali granatama. Granatiranju su najčešće bili izloženi skupovi ljudi, oni koji su bili u redovima za hljeb, vodu,...

Muž i ja, a povremeno i naše kćerke, na smjene smo ustajali obično u 4 ili 4,30 ujutro kako bi dobili broj, što manji to bolje, jer je tako bila veća vjerovatnoća da ćeš doći do porcije hljeba. Znalo se da neki ljudi dobiju broj, ali kada na njih dođe red da preuzmu hljeb, hljeba već nestane.

E onda je došlo vrijeme kada nema redova, nema brojeva, nema propisanih

količina hljeba, nema ništa! Ako imaš sreće dobiješ nešto iz humanitarne ili ako imaš nešto uštedevine preko švercera nabaviš brašna. Ukoliko imaš nešto drugo sem novca, nešto dovoljno vrijedno za razmjenu, npr. nakit, kožnu garnituru, mogao si nekako doći do najpotrebnijih namirnica. Naravno, nikada razmjena nije bila ni blizu realne vrijednosti razmijenjivane robe. Sjećam se da je baka kćerkine prijateljice Helene dala jednu kravu za tri vreće brašna (od po 25 kg) da bi njeni najbliži mogli prehraniti porodice!
Živjeli smo po nekim nepisanim pravilima ne razmišljajući koliko su ispravna, prihvatljiva, samo je bilo važno prehraniti porodicu i ostati živ.

Kako prehraniti porodicu s nešto malo hrane, gotovo bez ičega? Kako održavati čistoću kuće, djece, odjeće, a bez vode i struje? Hoće li muž doći s posla? Na svom radnom mjestu sam, a s mislima negdje drugo. Da li će škole mojih kćerki danas biti mete granata? Da li su kćerke na sigurnom? Da li će danas biti granata u našem naselju, a kćerke su same kod kuće?

Ovo su samo neka od niza pitanja koja su sve nas pa i mene zaokupljala četiri godine počev od aprila 1992.

Kreneš na posao a granate padaju okolo... čekaš, osluškuješ da li će sljedeća bit ispaljena, a onda trčiš do najbliže zgrade da imaš neki zaklon.

Nema više štikli, uskih suknji i haljina, uglavnom pantalone jer su praktičnije za trčanje. Gledaš što skuhati za ručak taj dan, kako djecu poslati u školu, jer su naša djeca redovno išla u školu pod granatama i učila bez struje, uz kandila.

Sva ona djeca iz komšiluka, ona koja nisu napustila svoj grad, bila su bliža nego ikad. Preko noći su postala zrelija. Zajedno su se krila po podrumima ili u skloništu, kada padaju granate. Nisu se igrala ispred zgrade već su se sastajala po stanovima djece koja stanuju na nižim spratovima gdje je bilo sigurnije zbog granatiranja.

Bila su to djeca iz bošnjačkih, hrvatskih, i srpskih porodica, ali isto tako i djeca iz mješovitih brakova. Bila su tu djeca ljekara, službenika, inženjera, kuharica, penzionera, domaćica,... djeca bez etikete kojoj nacionalnosti, vjeri ili domaćinstvu pripadaju. To su bila samo DJECA! Ta djeca su dijelila sve što su imala.

Ova djeca su pravila priredbe, izmišljala kojekave igre i radovala se kada saznaju da će nastava biti obustavljena zbog obavijesti iz pouzdanih izvora da će biti žešće granatiranje...

Njihovo djetinjstvo je dobilo neku novu formu.

Strahovala sam, strašno sam se bojala, šta će biti s mojim kćerkama, kakve će osobe biti poslije ovoga, kakva ih budućnost očekuje i da li će je uopšte imati, a jedno sam znala.

Znala sam da će rat ostaviti ožiljke u njihovim mladim dušama...

RATNI IZUMI

Život u urbanom naselju, u gradu, podrazumijeva maksimalno korištenje svih blagodeti civilizacije, čak u tolikom obimu da se neupućenima može učiniti da je bez struje i vode život nemoguć.

Na sreću, Bosanci su pokazali da su sposobni da od ostataka jedne stvore sasvim novu civilizaciju, manje prihvatljivu, ali ipak civilizaciju.

U ljeto 92' prvi put je nestalo struje na duži period, a akumulatori iz automobila su služili za rasvjetu, dok se ne isprazne. Za rasvjetu su se u početku koristile i parafinske svijeće, pa svijeće napravljene od već istopljenih svijeća, a onda ručno pravljena kandila.

Prvi put smo morali da izmišljamo nove načine za pripremanje hrane. Počelo je loženje na balkonima, najčešće u šerpama. S dolaskom prvih hladnih dana, šerpe su izašle iz mode, a njihovo mjesto zauzele su male peći pravljene na najrazličitije načine, a neki ih još čuvaju, kao uspomenu.

Kod gotovo svakog od nas rađala se ideja za nekim izumom, kako od raspoloživog napraviti neophodan predmet s određenom namjenom, bez nekih posebnih ulaganja i posebnih troškova. Trebalo je iskoristiti ono što imaš. Evo samo nekih od tih izuma:

Roštilj - šerpa: Na dnu široke, plitke šerpe napravi se nekoliko rupica. Na pod se stave dvije cigle, šerpa na cigle a na šerpu rešetka, najčešće iz električnog šporeta. Posuda u kojoj se kuha stavi se na rešetku i kuhanje jela može početi (ako imaš od čega da ga napraviš). Već za nekoliko minuta posuda tako pocrni da se ne može prepoznati. Tada je to bilo najmanje bitno!

Peć od konzerve ili manje kante: Koristila se za brzo kuhanje kafe ili čaja. Pravila se od veće konzerve (npr. konzerva za maslo iz humanitarne pomoći) ili manje limene kante.

Na konzervu ili kantu stavi se ringla sa el. šporeta, tako da se ova peć brzo zagrije. Sulunar se napravi od bočica za dezodorans. Peć-konzerva se obično stavi na el.peći ili neki natkaslić, a sulunar pravo u dimnjak.

Kandilo: U malu teglicu veličine čaše od jednog decilitra naspe se malo više od pola vode pa zatim ulja u visini od pola do jednog centimetra. Zatvori se poklopcem koji se probuši na sredini – napravi se rupica kroz koju se provuče pamučni fitilj. Duži kraj fitilja se zaroni u posudu, a onaj gornji dio prije nego se zapali, malo se naulji i pazi se da ne dođe u dodir s vodom.

Mana ove naprave je što mnogo dimi i prlja zidove stana i sve oko sebe. Tek ujutro vidiš koliko ti je lice crno, a odjeća promijenila boju. Međutim to je bilo najmanje važno. Bilo je teško bez kandila.

Svijeća od potrošene svijeće: Na raspolaganju su bile razne svijeće lošeg kvaliteta koje gore samo iznutra, dok "zidovi" svijeće postepeno otpadaju. Ti ostaci iskorištavaju se na dva načina:

1. Ponovo se istope u nekoj šerpici i taj istopljeni vosak se izlije u ranije pripremljeni kalup. Vosak se jednom rukom sipa u kalup a drugom se iznad kalupa drži fitilj koji treba da prolazi kroz sredinu, tj. da se vosak razlije svuda oko fitilja. Sve to zajedno ostavi se da se stvrdne i nakon sat-dva izvadi iz kalupa.

2. Fitilj se položi na plitku posudu, kao što je tanjirić od šoljice za kafu. Ostaci svijeće se ne tope, nego se isjeckaju i lijepo naslažu preko fitilja, s tim da jedan njegov kraj ostane slobodan, i taj kraj se zapali. Svijeću treba narezati krupnije jer ako su komadići tanki i mali - brzo izgore.

Sjeckalica od konzerve (i ne baš toliko neophodna, ali i ovo je bio ratni izum): Za sjeckanje oraha (dok ih je bilo) i krompira, koristila se ručno pravljena sjeckalica za koju su bile potrebne dvije stvari – okrugla kutija od vrste plastike u kojoj je nekad bio

margarin, i prazna limena konzerva od gulaša, tolikog promjera da sasvim komotno može "ući" u ovu kutiju od margarina. Konzerva se oštrim nožem
ili pilom presjeće po obimu kako bi se dobio oštar rub i to je to!

Jezgra oraha se stavi do određene visine kutije (najviše do polovine) i onda se konzervom sa odrezanim rubom okrenutim prema dole udara po orasima sve dotle dok se ne dobije željena veličina sjeckanih oraha, krupnija ili sitnija, zavisno od namjene.

Ja i danas imam tu sjeckalicu i ponekad je koristim - za sjeckanje manje količine oraha kod pravljenja kolača, umjesto one na struju.

REDUKCIJE

U periodu redukcija bilo je malo lakše. Doduše nikada nismo imali struju i vodu istovremeno, ali smo ih imali.

Kada dođe struja, nema vode i obratno, ali smo se i tada snalazili. Čim dođe voda sipa se u kadu kako bi imali vodu za mašinu i WC. Vodu za piće sipali smo u flaše, kanistre i u svo veće posuđe.

Ugledati sa prozora radnika iz Elektrodistribucije, koji će da priključi struju sat-dva, bio je poseban doživljaj. Naravno, ovo samo kada smo struju dobijali preko dana. Najčešće smo struju dobijali kasno uveče, nekada tek u 2 ujutro, kada se svi dignemo iz kreveta i razletimo po kući...Prvo se uključi TV kako bi saznali najnovije vijesti. Bojler se uključivao samo ako se ne pere veš u mašini, jer je tada kada prazna, pa smo se mogli i okupati koristeći vodu iz bojlera. Inače smo se kupali poljevajući se vodom iz lonca zagrijanom na peći na drva. Kupanje u kadi s vodom iz bojlera bio poseban užitak, pravi praznik.

Dakle, kada dođe struja, a znalo se koliko će da traje: sat ili dva, žurno se obavljaju svi oni poslovi vezani za struju: peće se hljeb koji se ranije zamjesio, uključuje se mašina za veš i dežura pored nje jer nema vode – voda se sipa iz kade i prati rad veš mašine. Mašina samo vrti bubanj, a sve ostalo je na nama. Doziramo vodu, doziramo deterđent, pratimo rad mašine čitavo vrijeme...

Toliko smo se bili uhodali sa ovim aktivnostima, da sam po završetku rata i dalje znala stajati pored veš mašine kada ona radi, dok ne skontam da sam ja tu suvišna. Trebalo je vremena da naučimo da ponovo živimo kao nekada.

BOLJE OD SVIJEĆE

Ni sama ne znam odakle nam ideje za pojedina pomagala.

Nema struje a ideš na deseti sprat. Mrak i danju i noću, jer u našem stubištu nije bilo prozora pa dnevna svjetlost nije mogla doprijeti u naše stubište.

Najbolja stvar za osvjetljenje u nedostatku svijeće i svjetiljke na bateriju bili su komadi pleksiglasa izrezani na deblje štapiće, zapaljeni šibicom na jednom kraju. Proračunali smo - mogli su trajati 4 penjanja i 4 silaženja sa desetog sprata. Bolje od svijeće jer ne kapa i ne prljaš odjeću.

Poslije je i toga nestalo, pa se išlo polako uz ogradu.

NISMO PRESTALI DA ŽIVIMO – IZ INATA

U toku rata zaista smo bili primorani da se snalazimo kako smo znali i umjeli, ali iz nekog inata nismo prestali da živimo. I tada smo vodili računa kako se oblačimo, kako izgledamo ...

Sjećam se da sam farbala kosu običnim vešnim sapunom kako bih prekrila sijede, čim se pojavi izrastak, a zube smo prali soda-bikarbonom. Mlađoj kćerki sam plela suknjice "lambada" (koje su bile veoma popularne u to vrijeme), a starijoj šila šorceve i haljine od starih komada odjeće. Tako sam im obnavljala garderobu, a da budu u trendu. Za stariju kćerku sašila sam prelijepu matursku haljinu od satena nađenog na tavanu u kući moje svekrve.

Plela sam kćerkama razne džempere od vunice isparanih džempera. Dobro se sjećam posljednje godine rata kada je starija kćerka, Nina trebala da ide u Poljsku sa

Omladinskim horom u koji se uključila početkom rata.

Da, i pjevalo se iz inata!

Nije imala zimske jakne pa sam za jednu privatnu firmu šila promotivne zastavice kako bi skupila nešto novca za naše potrebe, ali i za ovu jaknu. Eto, moja umijeća od ranije, ipak su se isplatila. To što sam kao dijete naučila plesti, a šiti nakon što mi je brat Hajro kupio na kredit mašinu Bagat - Slavicu, kad se zaposlio, a ja krenula na fakultet, sada mi je dobro došlo.

Nije bilo nimalo jednostavno, ali meni nije bilo teško da nakon dolaska s posla, kasno uveče, kada je Elekto-distribucija uključivala struju preko čitave noći (danju ne), sjedim za mašinom i šijem gotovo do jutra, a onda na posao. Što više zastavica to više novca, ali naravno i više truda. Meni je bilo potrebno niz operacija na jednoj zastavici kako bih je završila u formi da firma za koju sam radila može napraviti sito tisak po narudžbi. Koliko mi je samo igala popucalo dok sam šila obrub oko ubačene tanke žice koju sam opet ja morala obezbjediti....

I za takvu jednu zastavicu dobijem dvadeset feninga! Eto tako smo dolazili do novca koji nam je bio potreban za kupovinu osnovnih potrepština na pijaci. Mogli smo kupiti jedno jaje (da, više i nismo mogli kupiti jer je bolje bilo kupiti nešto šećera, malo povrća, a jaja su bila izuzetno skupa), malo sira za pitu, 10g pržene kafe (samo ponekad jer je ovo luksuz) ,... i naravno mojoj kćerki zimsku jaknu.

Slavili smo Bajrame, rođendane, kao i da nije rat. Jedina razlika je bila u jelima – bilo je puno skromnije, nije bilo jela kao nekada, ali nije nedostajao bajramski ručak. Slavili smo i rođendane uz ratne kolače,...

Uništili su nam kuće, ulice, gradove, ubili su toliko nevinih ljudi, djece, silovali toliko žena, djevojaka i djece, protjerali mase, ali nisu uspjeli da u nama ubiju volju da se odupremo. Ostao je inat koji nam je davao posebnu snagu da preživimo sve ovo.

Smijali smo se kada je bilo najteže. U ratu se rađao neki poseban humor. Možda smo drugima izgledali čudno, a mi smo se sebi činili sasvim normalnim.

I ovome smo se smijali, a bilo je više žalosno nego smiješno. Ovo nam je pričao Nikola, kolega s posla. Živio je sa sestrom u stanu koja baš i nije bila dobre pameti, ali je kuhala za njih dvoje. Obradovao se kada je vidio da sestra pravi krompirušu u kasne sate (naravno, kada je došla struja). Upravo kada je ujutro krenuo na posao i htio da uzme da jede, a ono - tepsija prazna! Sav stan miriše na ispečenu pitu, a od nje ni traga!

Sestra mu je rekla da je ispekla pitu i sama je pojela, jer joj ga bilo žao buditi, pošto ide rano na posao, pa ga pustila da se naspava?!

ŠNICLE BEZ MESA I OSTALI SPECIJALITETI

U teškim ratnim vremenima do perfekcije smo savladali umijeće preživljavanja - kako prehraniti porodicu gotovo bez ičega. U praksi to izgleda otprilike ovako: napravi pitu iz ničega, majonezu bez jaja, paštetu bez mesa i sl. Izgleda nemoguće, međutim uspijevalo je, pa nije bilo malo onih koji su pri degustaciji ovakvih "specijaliteta" rekli kako se oni puno ne razlikuju od onih pravih. Možda je zaista bilo tako, ili je i to bila samo još jedna utjeha napaćenih, onih koji su bili primorani da preživljavaju na svoj način.

Recepte za pite, poslastice, sendviče, namaze, nećete pronaći ni u jednom kuharu, niti na web stranicama sa kulinarskim savjetima. Bila su to jela često napravljena od nepoznatih sastojaka, napravljena ni od čega, skuhana na peći ručne izrade koja se potpaljivala u početku drvima, a kasnije novinskim papirom, na kraju i drvenim namještajem.

U Bosni su gotovo sve mjere, kada je u pitanju kuhanje, u fildžanima, pa tako i ove koje slijede. A u ratu smo pravili:

Sir na naš način: 4 fildžana mlijeka u prahu, 1 fildžan ulja, 1 fildžan vode, 4-5 kapi sirćeta, malo soli. Sve skupa se pomiješa i dobro izmiksa (kad dođe struja);

Šnicle od hljeba: Stari hljeb potopiti u vodu. Kada omekša, vodu iscijediti i isitniti hljeb u mrvice. Dodati malo bibera, soli, sitno isjeckanog luka i jedno jaje, ako imaš. Šnicle oblikovati pomoću malo brašna i pržiti na ulju;

Kuglice: 10 fildžana prezle, 2 fildžana ulja, 2 fildžana mlake vode, 2 fildžana kakao praha, 2 fildžana šećera. Kuglice oblikovati i uvaljati u šećer;

Eurokrem na više načina, a jedan od njih je i ovaj: 3 fildžana brašna, 3 fildžana mlijeka u prahu, 3 fildžana ulja, 1 fildžan kakao-praha,

1 velika šolja šećera. Sve pomiješati i kuhati na laganoj vatri 10 do 15 minuta;

Bombice: Keks, onaj iz humanitarne - "drveni", nesladak, samelje se i pomiješa s mlijekom u prahu koje je razmućeno u malo vode i sa kakaom. Od dobivene smjese prave se bombice;

Pite - tu je bilo veliko šarenilo: Od riže koje je bilo najviše, pravila se sirnica, burek i krompiruša.

Potkuhaju se jufke od brašna i vode sa malo soli, riža se dobro raskuha i ako hoćeš sirnicu, onda dodaš mlijeka u prahu i malo sirćeta, ako imaš ikar mesne konzerve, onda riži dodaš ikar, luka i bibera i to je burek, a ako nema ikara, sa lukom i biberom dodaš malo krompira i imaš krompirušu;

Lizalo (specijalitet-slatkiš, koji sam često pravila svojoj djeci, dok je bilo šećera): 20 dkg šećera, 3 supene kašike vode i 1/2 kesice soka iz lanč-paketa. Sve pomiješati, kuhati 3 minute, pomastiti tepsiju, poredati po njoj čačkalice i vruću masu sipati da prekrije oko 1/3 čačkalice. Ostaviti da se ohladi, da očvrsne i onda konzumirati;

Kolač gotovo bez ičega: 6 šoljica ulja, 2 šoljice šećera i 2 šoljice vode. Pustiti na šporetu da baci ključ. U jedan kilogram brašna staviti sode bikarbone i pomiješati sa smjesom ulja i vode. Praviti oblike po želji i peći;

Ratni grah: 2 l vode, 3 šake graha iz humanitarne, 2 kašike domaće vegete i ... 3 naramka drva. Zagrijete šerpu vode na šporetu na drva, ubacite grah i kuhate 4-5 sati ovisno o zemlji porijekla graha i godinama njegove starosti. Prije nego što sve bude gotovo, ubacite vegetu i povežete s 3-4 kašike brašna (ako imate);

Med od maslačka: 100 komada cvjetova maslačka, 1 kg šećera, 1 l vode i 1 limun. Cvjetove od maslačka staviti u vodu da se kuhaju 15 minuta pa ih procjediti i dodati šećer i isjeckan limun, pa kuhati još 15 minuta. Sipati u vruće tegle, zatvoriti i ostaviti na hladno mjesto. Naravno, ovaj med smo pravili samo na početku rata dok smo imali šećera. Kada nije bilo šećera, preostali med (ušećeren) na dnu tegli nam je dobro došao da zasladimo kafu i čaj (samo u slučaju da se tegle od potrošenog meda nisu još oprale);

Posebno mjesto u priči o našem preživljavanju zauzima konzerva **Ikar.** Njoj treba podići spomenik iako joj je sadržaj bio gadan za vidjeti, ali se jeo samo zbog toga što nije bilo drugog. Kasnije se pokazalo da je od svega što nam je međunarodna zajednica u svojoj velikodušnosti slala, upravo ova konzerva bila jedina besprijekorno ispravna. Dolazio je nama keks iz korejskog rata, "lunch" paketi iz vijetnamskog rata (oni iz pustinjske oluje bili su suviše svježi da bi se ponudili nama), te lijekovi kojima je rok istekao ranih osamdesetih. Bosna je bila svjetsko smetljište hrane, ali Ikar, Ikar je zaslužio spomenik. Od Ikara smo pravili burek, paštete, slane kiflice s "mesom"...

Leća je uz grah bila najbolje od onog što smo imali u ratu. Zapravo moje kćerke su više voljele leću nego grah, a pripremala se ovako: leća se potopi preko noći i ujutro ispere pod mlazom hladne vode. Sitno se nereže luk i mrkva i zajedno sa lećom stavi u ekspres lonac, zatvori i stavi da se kuha. Ljeti smo kuhali u ekspres loncima jer je bila nepodnošljiva vrućina, a moralo se ložiti da bi se spremio ručak. Nije bilo struje. Kada lonac počne pištati, pusti se da kuha oko 10 minuta, ostavi da se ohladi i onda otvori. Zagrije se ulje, doda brašno i aleva paprika, uprži i doda u leću. Pusti se da malo krčka i gotovo.

Ratno pivo smo imali za proslavu jedne ratne Nove godine, a pravljeno je od sljedećih sastojaka: 9 l vode, 150 g prženog ječma,10 g hmelja (nabavili smo ga iz bašte moje mame), šaka kukuruznog brašna, 125g šećera i 10 g kvasca. U veći lonac stavi se voda, ječam i hmelj. Lonac sa sastojcima se stavi na štednjak i kuha jedan sat, ali mora stalno ključati. U platnenu vrećicu stavi se šaka kukuruznog brašna, spusti vrećica s brašnom u tekućinu i kuha još 1 sat. Nakon toga tekućina se procijedi kroz rijetku krpu, doda šećer, promiješa i tekućina ohladi. U ohlađenu tekućinu dodaje se kvasac, promiješa i ostavi da se kvasac izjednači s tekućinom. Dobro se promiješa. Nakon toga tekućinu treba filtrirati kroz gustu platnenu krpu, napuniti boce i zatvoriti iste čepom. Može se konzumirati nakon 7 dana.

Nećete vjerovati, ali stvarno je ovo pivo bilo kao ono pravo!

Zahvaljujući ovim specijalitetima svi smo imali dobru "liniju". U posljednjoj godini rata u prosjeku smo bili izgubili deset do petnaest kilograma težine. Nismo bili svjesni toga – odjeća nam je na to ukazivala. Mi koji smo se svaki dan susretali, sebi smo izgledali isti.

Sjećam se jednog kolege koji nije radio u ovom periodu jer nije bilo poslova iz njegove oblasti pa je bio "na čekanju". Kada sam ga srela na ulici nisam ga mogla prepoznati. Toliko je bio smršao da mu je potpuno bio izmijenjen lik.

Poseban recept i priču koja ide uz njega, ostavila sam za kraj.

Šnicle bez mesa: Sjećam se kao da je bilo jučer. Dobila sam tikvu od mamine komšinice i čuvala je za poseban ručak. Tikva je za nas u to vrijeme bila veliko bogatstvo. Od tikve su žene sa malo mašte i umijeća, uz dodatke gotovo ničega, mogle napraviti pravi specijalitet.

Eto ja sam odlučila da taj poseban ručak bude baš danas, kada je muž s posla donio paket humanitarne pomoći koji je dobio umjesto plate. Nije bilo nešto posebno u paketu, sasvim uobičajene namirnice koje su i ranije dobivali svi zaposlenici u njegovoj firmi: malo brašna, malo ulja, mlijeko u prahu,... ali i JEDNO JAJE koje mu je donio kolega s posla koji živi na selu a ima kokoške. Kokošija jaja su u to vrijeme bila izuzetno cijenjena jer ih nije bilo. Samo pojedinci na selu su imali tu privilegiju, a čuvali su ih za razmjenu. Za jedno jaje mogli su dobiti i 2kg brašna.

Pošto sam u ovom ratnom periodu usavršila kuhanje kojekakvih jela od gotovo ničega, uz dodatak dovoljno mašte, raspoređujući namirnice iz paketa, u glavi sam već osmislila što ću ovaj put da napravim za ručak.

Sa osmjehom na licu, radosna jer smo dobili humanitarnu pomoć i nećemo biti gladni bar par dana, a dodatno imam tikvu koja će mi poslužiti da ovaj ručak bude i svečani, uzviknula sam :

- Danas jedemo ŠNICLE!

Svi su se nasmijali i pomislili da buncam, a ja sam uzela da čistim tikvu. Kriomice, da ostali ukućani ne vide što radim, pripremala sam svečani ručak.

Prvo sam očišćenu tikvu izrendala, dodala jaje, malo domaće vegete (koju sam ja napravila od mrkve i peršuna iz mamine bašte, uz dodatak kukuruznog brašna i malo soli), malo brašna i dvije glavice sitno isjeckanog crvenog luka. Sve sam dobro izmješala da dobijem kompaktnu masu, a onda sam supenom kašikom oblikovala šnicle i pržila ih na sasvim malo ulja. I ulje je bilo luksuz na početku rata, a kasnije još veći, jer ga nije bilo nikako pa smo jela pravili na vodi. Sva je kuća zamirisala. Miris šnicli osjetio se i u našem stubištu, pa me gotovo bilo stid komšija da ne pomisle kako mi jedemo meso, a oni ga mjesecima nisu vidjeli a kamoli jeli.

Muž i naše dvije kćerke, Nina i Amra, sjeli su za trpezarijski sto prekrivenim šarenom plastičnom mušemom, baš kao prava sretna porodica u američkom filmu. Dan Zahvalnosti, rekli bi. Pred njima porcelanski tanjiri i escajg. Ja sam im se pridružila sa punom zdjelom uzvikujući:

- ŠNICLE!

Mirisale su božanstveno. Spuštajući zdjelu na sredinu stola rekla sam:

- Hajde, navalite.

Starija kćerka je prva probala i rekla:

- Stvarno miriše na meso! Odakle si ga nabavila?!

Muž je gledao zbunjeno, dok je mlađa kćerka halapljivo gutala šnicle, a zatim je i on u smijehu dodao:

- Jesu li od junećeg ili telećeg mesa?
- Dobre su, zar ne? Što kažete?

Pitala sam, presretna što sam uspjela da ih obradujem bar na ovaj način. Nisu morali ni da mi odgovore. Njihova lica sa osmijehom su mi dovoljno govorila.

- Dobre, dobre... - potvrdili su i nastavili sa pražnjenjem zdjele.

Smijali smo se ludo, svako sa svojim komadom **šnicle bez mesa** u ustima.

Sve je bilo isto, ukus, miris, boja, samo mesa nije bilo. Bio je to najljepši porodični ručak ikad.

PAPRIKE I PARADAJZ U SAKSIJAMA

Kada je riječ o hrani, prva godina rata je bila koliko toliko podnošljiva, jer je još uvijek bilo zaliha. Te godine, 92', posebno su dobro bile rodile šljive, pa smo na vrijeme napravili pekmez od šljiva, ali i od drugog voća. Obezbijedili smo se s brašnom, šećerom i uljem, pravili smo med od maslačka koji nam je kasnije dobro došao za čaj kada je nestalo šećera, ali kako je vrijeme prolazilo, sve je bilo teže i teže.

Ponestaje šećera, ulja, mlijeka ... željno očekujemo humanitarnu pomoć koja je bila minimalna, a koju smo muž i ja dobijali na poslu umjesto plate. Sjećam se jednom je dobio vreću pšenice od 25kg koju smo podijelili na tri dijela: u kuću njegovo majke, u kuću moje majke, i nama. Dali smo da se samelje pa nešto prosijali i tako koristili, a drugi dio – mekinje, konzumirali kada je nestalo brašna zbog čega smo svi u kući dobili proliv.

Na poslu u kancelariji, ali i kod kuće, umjesto cvijeća, u saksijama smo uzgajali paprike i paradajz... I onda strepili nad tim. Radovali se svakom novom listu, a posebno kad se pojave prvi mali plodovi, koje smo kasnije brali i konzumirali!

Za doručak na poslu smo obično dobijali po dvije šnite bajatog hljeba s komadom tamne marmelade.

Hljeb bi prepekla na rešou kako bi ga mogla jesti sa čajem (naravno bez šećera), a marmeladu bi ponijela kući svojoj djeci, da ih obradujem. To im je bio specijalitet, a meni draži doručak od one supe od riže koju sam prestala konzumirati od momenta kada su mi rekli da je sekretarica direktora u njegovom tanjuru našla žohara.

S obzirom da hrane nije bilo izuzev one iz humanitarne pomoći, morali smo se snalaziti na druge načine. I oni koji nikada nisu obrađivali zemlju počeli su sijati ono najneophodnije povrće. Oni koji nisu imali sreću da siju u svojim baštama ili kod roditelja, sijali su u parcelama po parkovima ispred zgrada, samo ukoliko su imali sreću da im bude dodijeljena. Svi parkovi oko zgrada najednom su postali bašte s parcelama u kojima su građani sijali razno povrće. I za divno čudo, iako bez đubriva, ono je dobro rađalo!

Znam slučaj jedne sugrađanke koja je radila u Željezari i tražila zamjenu za smjenu kako bi se izborila za parcelu u blizini naše zgrade. Baš tada, kada su dijelili parcele, na tom mjestu, iznenada je pala granata. Žena je na mjestu poginula, a njen sin koji je prisustvovao tom događaju, bio je ranjen i završio u invalidskim kolicima.

Muž i ja smo u to vrijeme bili na poslu, a kćerke kod kuće. Mlađa kćerka je htjela da prisustvuje ovoj podjeli parcela, kao i svako dijete, iz čiste znatiželje, ali je spasilo to što joj je sestra rekla da mora prvo završiti svoje obaveze u kući.

To nam je ispričala starija kćerka kada smo se muž i ja vratili s posla. Bilo je to strašno za sve nas. Danima nismo mogli potisnuti tu sliku pred očima, a svaki naš naredni odlazak na posao bio je popračen neopisivim strahom za našom djecom. Žurno smo se vraćali s posla i jedva čekali da budemo svi na okupu, pa makar i gladni...

MI DOBILI PAKET

Bilo je teško pušačima, a gotovo svi su tada pušili. Cigarete su u početku kupovane na komad, a kada ih nije bilo pušio se čaj koji bi se našao u ostavi, savijao u novinski ili bilo koji drugi papir, samo da je tanak. Ljudi su pušili sve i svašta.

Radovali smo se povratku s ratne linije naših najbližih, mog brata i djevera. Tada se svi okupimo, a oni nam prenose svoje doživljaje, njihovo viđenje situacije i moguće ishode.

E ovo je bio poseban ritual - jedna cigara ide u krug, od jednog do drugog, od moje svekrve, djevera, mog muža,... baš kao što to rade Indijanci... dok se ne popuši. Kafa se pila s posebnim guštom, dok je bilo, a i kasnije, kada to više nije bila ona prava kafa. U početku se toz (talog) kafe nije bacao već sušio na papiru, pa se ponovo koristio za kuhanje, ovaj put blaže kafe. Nije dugo potrajalo, a kafa je postala pravi luksuz.

Prodavala se na grame i miješala s prženim ječmom. Ubaci se tek pokoje zrno, samo da se osjeti njena aroma, melje ručnim mlinom i pije bez šećera.

I pored ratnih zbivanja, život se za one koji su tu ostali, naizgled odvijao normalno. Bilo je sasvim normalno da nema dovoljno vode, struje, hrane – one najneophodnije, o slatkišima se moglo samo maštati. Sretni su bili oni koji su imali nekog bliskog izvan zemlje da im pošalje paket, ako i dođe do njih. Rat je i očekivano puno onih koji su gledali svoju korist, krali tuđe pakete i sve ono do čega su mogli doći.

Jednom prilikom, u iščekivanju paketa od nekoga, u vrijeme kada su neki u našoj blizini dobijali pakete a mi nismo, u šali sam znala reći da kada se rat završi, sama ću sebi poslati jedan paket za moju djecu. Silno sam željela da ih obradujem.

I jednog dana desilo se čudo. Mi dobili paket! Bilo je to negdje pri kraju rata. Paket nam je poslao moj polubrat Rahmo iz Slovenije. Dobili smo ga sasvim slučajno, jer je i ovaj paket bio na meti lopova. Neka nepoznata žena me je nazvala jedno jutro. Kada je išla po svoj paket na ko zna koju adresu izvan centra grada, na jednom od paketa vidjela je adresu sa brojem telefona. Pošto je znala što se najčešće dešava s paketima, da se navodno "zagube", nazvala me telefonom i rekla mi gdje da odem po svoj paket. Moj muž i ja smo se spremili što smo brže mogli i otišli na tu adresu...

Neopisiva radost je zavladala u kući kada smo se pred kćerkama pojavili s izgužvanim, ali za divno čudo, neotvorenim paketom! Bilo je svega unutra, kafe, šećera, čak i tegla nutelle... U paketu smo među stvarima našli i pismo. Čitala sam ga i plakala, pa opet čitala,... Bilo je to nešto najvrednije što je ušlo u našu kuću. Baš kada smo izgubili svaku nadu da bi nas se neko mogao sjetiti, da bi nam mogao poslati bar jedan mali paketić, sasvim slučajno, mi dobijamo paket. Iz pisma smo saznali da je bio upućen na našu adresu dva mjeseca ranije ...

ZAJEDNO SMO MOGLI SVE

Mnoge porodice ili dijelovi porodica koji su željeli da odu, našli su način da to i urade. Meni je bilo posve logično da ostanem u gradu u kojem sam rođena, u kojem imam stan, porodicu, majku, brata, sestru, rodbinu, prijatelje, u kojem sam rodila djecu...

Toliko godina nakon toga, često sam se pitala da li je to bila hrabrost ili glupost. Iako je moja generacija prevarena jer nismo dobili ono zbog čega smo ostali u našoj domovini, našem gradu, sretna sam što našu istinu mogu ponijeti sa sobom dostojanstveno bilo gdje i bilo kada. Mogla sam i mogu dostojanstveno da pričam o nama koji smo ostali u ovom gradu, u ovoj zemlji, a čuli smo da su oni koji su već na početku rata otišli, više plakali od nas.

Živjeli su bez granata, dosta njih, ne svi, u izobilju za naše pojmove, i pitali se kako je nama, kako sve to izdržimo. Kako? Jednostavno. Žilavim otporom, prkosom, koji je svojstven samo ponosnim ljudima, povezanim zajedničkom mukom. Mi koji smo ostali, tada smo bili bliži nego ikad, kao jedna ogromna porodica. Dijelili smo hranu, ali i razmjenjivali strahove i ambicije.

To nas je i održalo.

Samo zato što smo bili zajedno, u istim mukama, mogli smo da prevaziđemo strahove i da se nadamo da će kad tad svemu ovom doći kraj.

DJETINJSTVO U RATU

Zvuk sirena za uzbunu, fijuk granata, odlazak u školu i natrag u trku da se izbjegnu granate, skupljanje gelera umjesto salveta i kojekakvih postera, a noću molitva Bogu da ti porodica preživi do sutra,...

Jedeš ono što nikada do tada nisi, a tad je bio pravi specijalitet. Nema vode, struje, voća, čokolade, kolača, onih pravih, sanjaš truhlu jabuku, a do tada ti je mama kupovala samo tvrde, zrele, nimalo utučene jer si samo takve volio,...

To je bilo djetinjstvo moje djece, djetinjstvo njihove generacije tokom četiri godine rata.

Bilo, ne ponovilo se !

RATU JE DOŠAO KRAJ!

A onda je konačno došao i kraj rata. Ma koliko mi je bilo tada teško, sada sa osmijehom u duši, sjetim se kako smo prkosili granatiranju, izgladnjivanju, ubijanju, ... i svim zlim politikama koje su prezirale civilizaciju. Da, i onima koji su smatrali da je na ovim prostorima suživot Bošnjaka, Hrvata, Srba i ostalih, nemoguć. Opstali smo i pored silne želje neprijatelja ovog naroda da nas ponizi i uništi na očigled čitavog svijeta.

I onda smo krenuli da živimo iz početka, bolje reći da pokušamo da živimo kao nekad.

Došlo je vrijeme da ispunim ono obećanje koje sam sebi davno dala – da svojim kćerkama, Nini i Amri, pružim najbolje što mogu, sada ne samo ono što ja nisam imala u djetinjstvu i nešto kasnije, već i da im nadoknadim izgubljeno u ratu.

OBEĆANJE JE ISPUNJENO

Mogu reći da sam uspjela održati obećanje, naravno, ako se izuzmu one četiri godine rata.

Bilo je teško, ali nakon užasa kojeg smo preživjeli, nakon što su utihnule sirene, prestalo granatiranje i policijski sati, život se malo pomalo stabilizovao i osmijeh se polako vraćao na lica svih nas. Počeli smo da planiramo blisku budućnost, a sve ostalo je dolazilo samo po sebi.

Divno je bilo vidjeti prve automobile na ulicama nakon što su ih u ratu zamijenili zaprega i kolica domaće izrade bez kojih nije mogla biti niti jedna porodica. Služila su za prevoz vode, drva, humanitarne pomoći,...

Teško smo se privikli na život bez redukcija vode i struje. U početku je to bilo u malim kontrolisanim količinama, ali i to je bilo bolje od onog što smo do tada imali.

Kad je u pitanju struja, sjećam se da sam pravila tabelu u koju sam unosila dnevnu potrošnju struje u KW satima očitanu sa našeg el. brojila u stubištu. Sedmično smo mogli da potrošimo samo određenu količinu struje. U protivnom plaćaš zatezne kamate i naravno slijedi isključenje. Na svu sreću i to je prošlo...

Kćerke su završile srednju školu, bile na maturskoj zabavi, a onda im je slijedio fakultet, zapošljavanje, ... pa osnivanje porodice. Starija se udala u 26 godini, a mlađa u 24. Imale su predivna vjenčanja, baš onakva kakva su one željele a mi, moj suprug i ja, pružili smo im sve to i još puno toga, radujući se zajedno s njima, ali s nekom posebnom tugom u duši jer nas napuštaju i osnivaju svoje porodice.

Ali to i jeste normalan slijed, zar ne?

Uzvratile su nam na najljepši način – dobili smo od svake po dvoje unučadi koja su naše pravo, istinsko bogatstvo.

O AUTORU

Azemina Klobodanović (rođ.Dokaza) rođena je 1953. u srcu Bosne i Hercegovine, u Zenici. Po završetku srednje škole dobija stipendiju Metalurškog instituta "Hasan Brkić" Zenica (kasnije je naziv promijenjen u "Kemal Kapetanović") i obrazovanje nastavlja na Metalurškom fakultetu koji je i nije baš privlačio, ali kao dijete siromašne porodice, nije imala nekog drugog izbora. Međutim, dobila je priliku da po okončanju studija zasnuje radni odnos upravo u ovoj instituciji koja je za mnoge bila nedostižna. Samo najbolji su imali mogućnost da tu rade i budu dio tog svijeta.

Nije imala namjeru da postane pisac, ali sa penzionisanjem dobila je priliku da piše nešto za sebe, za svoju dušu. Kao rezultat toga nastaje njena prva literarna knjiga "Out of spite – Iz inata". Publikovana je putem Amazon Kindle Direct Publishing sredinom

2015. kao e-book (digitalna knjiga) i to u dvojezičnoj formi: na englesko - bosanskom jeziku. Nakon nekoliko mjeseci ista knjiga je publikovana i u printanoj formi preko CreateSpace.

Saznanjem da je na platformi CreateSpace uključen i bosanski jezik kao izbor potencijalnim piscima, 2016. publikuje ovu knjigu samo na bosanskom jeziku sa naslovom "Iz inata". Ova knjiga je na raspolaganju onim čitaocima koji razumiju samo bosanski, odnosno hrvatski ili srpski jezik.

SADRŽAJ

"Bilo je to jednom, davno, u životu još lijepom. Možda mi se činio težak tada, ali kad mislim o njemu sa ovoga mjesta, želio bih da se vrati."

Meša Selimović

www.ingramcontent.com/pod-product-compliance
Ingram Content Group UK Ltd.
Pitfield, Milton Keynes, MK11 3LW, UK
UKHW021700190726
13853UKWH00001B/380